Lotte Bormuth

Da bleibt
mir nur das Staunen

Verlag
der Francke-Buchhandlung
Marburg an der Lahn

CIP-Titelaufnahme der Deutschen Bibliothek

Bormuth, Lotte:
Da bleibt mir nur das Staunen / Lotte Bormuth. – Marburg an d. Lahn :
Francke, 1989.
   (TELOS-Bücher ; 571 : TELOS-Taschenbuch)
   ISBN 3-88224-708-8
NE: GT

Alle Rechte vorbehalten
© 1989 by Verlag der Francke-Buchhandlung GmbH
3550 Marburg an der Lahn
Umschlaggestaltung: Herybert Kassühlke
Texterfassung: Verlag der Francke-Buchhandlung GmbH/
Alexandra Jung
Satz: Druckerei Schröder, Wetter/Hessen
Druck: St.-Johannis-Druckerei, Lahr

TELOS-Taschenbuch Nr. 571

Inhalt

Mutter Busch – eine Erzieherin
aus der Kraft des Glaubens

Erlauben Sie mir, daß ich kurz auf Johannes Busch, den so gesegneten Sohn von Mutter Busch, eingehe. Sein froher, mutiger und tapferer Einsatz für Gott hat mich auf die Spur seiner Mutter gebracht.

Er wurde am 11. März 1905 in Elberfeld geboren. Im folgenden Jahr schon siedelte die Familie nach Frankfurt über. Damit begann für den Jungen das Reisen, und es hat eigentlich nie mehr in seinem Leben aufgehört. Das hing mit seinem Dienstauftrag als Jugendpfarrer zusammen. Da ging das Reisen erst richtig los, und diese Tätigkeit wurde nur durch den Krieg unterbrochen, der ihn bis in den Kaukasus und wieder zurück führte.

Und dann schickte Gott seinen Boten auf die letzte Reise seines Lebens. Auf einer Fahrt nach Trier zu nächtlicher Stunde geschah dieser schreckliche Unfall. Unger, sein Chauffeur, saß am Steuer, und so konnte sich Johannes Busch auf der aufgeklappten Rückenlehne seines Sitzes zum Schlafen hinlegen. Da kommt ihnen auf der einsamen Straße ein schwerer Mercedes entgegen. Ein zwanzigjähriger junger Mann fährt von einer Karnevalsfeier nach Hause. Er hat eine Menge Alkohol getrunken. Mit voller Wucht rast der Mercedes auf der falschen Straßenseite in den kleinen Volkswagen hinein. Der Mercedes überschlägt sich und bleibt mit den Rädern nach oben liegen. Dem jungen Fahrer ist nichts passiert. Er kriecht aus den Trümmern seines Autos heraus und geht auf den demolierten Volkswagen zu. Er ist ganz erschrocken, als er sieht, daß der Fahrer tot am Steuer sitzt. Die Steuersäule hat ihm das Genick abgedrückt. Da packt ihn das Entsetzen, und er flieht in die nahen Weinberge.

Der Volkswagen steht verlassen, quer auf der einsamen Straße. Nach einer halben Stunde wacht Johannes Busch aus der Bewußtlosigkeit auf. „Wo sind wir? Warum fahren wir nicht?" Im fahlen Mondlicht sieht er, daß sein Freund Unger tot ist. Er selbst verspürt einen rasenden Schmerz im Bein. Er will aus dem Wagen herausspringen, aber es geht nicht. So muß er untätig darauf warten, bis endlich ein anderes Auto kommt und eine Hilfsaktion gestartet wird.

Johannes Busch wird ins Krankenhaus gebracht. Sein rechtes Bein ist mehrmals gebrochen. Als er erfährt, daß er wohl einige Wochen liegen muß, sagt er einem Freund ganz bedrückt: „Weißt du, es ist schwer, daß ich jetzt wochenlang hier liegen muß, wo die Arbeit an allen Ecken und Enden ruft. Aber das kann ich alles ertragen. Doch daß Unger tot ist, damit werde ich überhaupt nicht fertig."

Doch Gott schenkt ihm auf dem langen Krankenlager Tröstung. Das Licht des Wortes geht über ihm auf, und Gott führt seinen eifrigen, fleißigen Knecht in eine große Stille. Jeder Tag ist voller Schmerzen, Not und inneren Kämpfen, aber Johannes Busch wird auch von wunderbaren Tröstungen getragen.

Als er wieder einmal in großer Schwachheit und Verzagtheit mit seinen bohrenden Schmerzen kaum fertig wird, hört er im Radio eine Bachkantate. Machtvoll ertönt der Schlußchoral:

„Gott hat es also wohlbedacht
und alles, alles recht gemacht!
Gebt unserm Gott die Ehre!"

„Das Lied hat mich so erquickt", erzählt er in einem Brief, „ich fühlte mich wie im Himmel." So sorgt Gott für seine leidenden Boten.

Nach einer Operation fängt das Bein an zu eitern. Johannes Busch geht durch grauenvolle Schmerzen und Qualen. Das Bein ist nicht mehr zu retten. Es muß amputiert werden.

Als sein Bruder ihn besucht, sagt er: „Gestern war ich ganz verzweifelt. Jetzt bin ich ein Krüppel. Als Krüppel kann ich doch keine Jugendarbeit mehr machen. Ich mußte daran denken, wie ich im letzten Jahr in der Schweiz war. Jetzt werde ich nie mehr mit meinen Kindern auf einen Berg steigen können. Ich werde nie mehr wandern können. Kannst du dir denken, daß ich ganz verzweifelt war? Auf einmal fiel mir das Bibelwort ein: ‚Gott hat seines eigenen Sohnes nicht verschont, sondern hat ihn für uns alle dahingegeben. Wie sollte er uns mit ihm nicht alles schenken?' Da wurde mir die Gabe Gottes in Jesus so groß, daß ich mir selber sagen mußte: ‚Gott hat soviel für dich getan, wie willst du Narr wegen eines lumpigen Beines klagen und jammern?'"

So ging es für den vitalen Mann durch manch inneren Kampf. Trotz der Amputation war sein Leben nicht mehr zu retten. Die Eiterung ging weiter, die Schmerzen steigerten sich ins Unerträgliche. Trotzdem konnte Johannes Busch sagen: „Die schrecklichen Schmerzen, das ist nur äußerlich. Innerlich bin ich ganz fröhlich."

Gott hatte beschlossen, seinen treuen Diener heimzuholen. Am 14. April tat er seinen letzten Atemzug und war dann auf ewig zu Hause.

Es gibt ein Reiselied der Kinder Gottes, das beginnt so: *„Himmelan, nur himmelan soll der Wandel gehn."*

Der kleine Johannes erzählte, daß ihn ein heiliger Schauer überkommen habe, wenn folgender Vers gesungen wurde:

„Himmelan wallt neben dir alles Volk des Herrn.
Trägt im Himmelsvorgeschmack hier seine Lasten gern.
O schließ dich an! Kämpfe drauf, wie sich's gebührt.
Denke, nur durch Leiden führt die Himmelsbahn."

Dieses Leben des vollmächtigen Gesandten Gottes, der vielen jungen Menschen den Weg zum Glauben wies, ist wesentlich von seiner Mutter geprägt worden.

Sie stammt aus Hülben, einem Ort auf der schwäbischen Alb, richtiger gesagt aus dem Hülbener Schulhaus. Hier war der schwäbische Pietismus zu Hause. Sie heiratete Dr. Wilhelm Busch, und diese Ehe war mit neun Kindern gesegnet. Im Pfarrhaus in Frankfurt verbrachte Johannes seine Kindheit, und so will ich von frohen Kindertagen berichten, die seine innere Entwicklung förderten und ihn schließlich zum Studium der Theologie bewegten.

Als Wilhelm Busch und seine Frau heirateten, rief der Brautvater, Johannes Kullen, seiner Tochter den Vers zu: „Du bist unsere Schwester. Wachse zu vieltausendmal tausend! 1. Mose 24,60"

Dieser Wunsch hat sich erfüllt. Das Geschlecht der Buschs ist ein großes Geschlecht, und bis heute ist es gesegnet. Ich nenne nur die Namen Scheffbuch, Eißler, Stöffler und Kullen.

Und dann fügte der Brautvater an den Bräutigam gewandt hinzu: „An eurer Silberhochzeit werde ich dich, lieber Wilhelm, fragen: ‚Wie hat sich deine Braut und Frau gehalten?' Und dann möchte ich die Antwort hören: ‚Sie hat mir unendlich viel Gutes erzeigt, hat mich stets geliebt, mich nie beleidigt, nur war ich fast eifersüchtig auf den lieben Heiland, denn ihn, diesen hohen, anbetungswürdigen Herrn, hat sie noch mehr geliebt als mich. Kein Wunder, daß sie mir in jeder Beziehung eine gottbegnadete, reich gesegnete Gehilfin für Herz, Amt und Haus war.'"

Das war das Besondere an Mutter Busch: ihre innige Liebe zu Christus, ihre Achtung vor der Bibel, die ihr Gottes heiliges Wort war, ihr Bemühen, ein Leben in der Heiligung zu führen, und ihr brennender, missionarischer Eifer.

Im Herzen von Sachsenhausen in Frankfurt stand das Pfarrhaus — Gartenstraße 71 — umgeben von einem Garten, der stets mehr die Spuren wilder Spiele zeigte als die der gärtnerischen Anstrengung. Johannes Busch berichtet:

Einmal hatten sich in einem Erdloch Wespen eingenistet. Wir Kinder waren gewarnt worden. Aber mich stach doch der Hafer, und so schickte ich mich an, mit einem Stock die Wespen zu vertreiben.

Natürlich blieben in diesem ungleichen Gefecht die Wespen Sieger. Der ganze Schwarm stürzte sich auf mich und richtete mich scheußlich zu. Durch mein Geschrei wurden die Hausbewohner alarmiert. Sie eilten herbei, schlugen wie wild mit Schürzen und Handtüchern auf die Wespen und somit auch auf mich. Sie retteten auf diese Weise mein Leben, aber nachher mußte ich tagelang das Bett hüten, so übel war mir. Ich war schrecklich zugerichtet, ob von den Wespen oder Handtüchern, wer vermag das zu sagen.

Neben dem Pfarrhaus lag ein großer, weiter Kirchplatz. Dort tummelten wir uns ausgelassen. Eines Tages aber fand die Vertreibung aus dem Paradies statt. Eine Kirche wurde gebaut. Aber wir Kinder konnten gar nicht traurig sein. Mein Vater nahm uns in die Freude mit hinein, daß endlich für die wachsende Gemeinde ein würdiges Gotteshaus entstand. Auf dem Bauplatz herrschte bald reges Leben. Wir Kinder waren hell begeistert. Sonntags durften wir dann auf der leeren Baustelle die Gerüste besteigen und im Rohbau herumklettern.

Am Tag der Grundsteinlegung kamen viele Gäste in festlicher Kleidung und Zylinderhüten. Wir haben diesen Tag mit glühenden Herzen miterlebt.

Da wir Kleinen nicht zum festlichen Gottesdienst zugelassen waren, bemühte ich mich um einen guten Beobachtungsplatz. So kam ich auf folgende Idee: Am Rande des flachen Gemeindehausdaches war ein hoher Kamin, zu dem von dem Dach unseres Hauses ein schmales Brett in schwindelnder Höhe führte. Ich stieg hinauf und genoß in seliger Einsamkeit das großartige Schauspiel der Grundsteinlegung.

Aber mein armer Vater! Ihm blieb beinahe das Herz stehen, als er mich auf einmal mitten in seiner Festrede dort oben entdeckte. Jeden Augenblick mußte er damit rechnen, daß ich abstürzen würde. Er wollte schreien und konnte es doch nicht mitten in dem so festlichen Akt. Er muß in der Tat Höllenqualen durchstanden haben, als er vollends noch sah, wie ich während der Ansprache zu meiner Kurzweil auf dem Brett hin- und herwandelte. Aber während Vaters Herz von einer Angst zur andern gejagt wurde, hat er doch noch seine Ansprache und Feier in Vollmacht zu Ende geführt. Ich selbst verwunderte mich, warum mich alle Erwachsenen später so strafend ansahen. Ich war mir keiner Schuld bewußt, höchstens einer Heldentat.

Der Maler Steinhausen wurde ausersehen, die Kirche mit Bildern auszustatten. Er war ein begnadeter Mann mit einem innigen Verhältnis zu Christus.

„Meine Bilder sind meine Gebete", hat er mal zu meiner Mutter gesagt, und für unsere Mama war es die größte Freude, diese biblischen Bilder zu erklären. Das wurde dann jedesmal eine richtige Evangelisation, eine herrliche Einladung zu Jesus, dem Sünderfreund. Und Steinhausen stand dabei; was er mit dem Pinsel geschaffen hatte, konnte niemand so leuchtend und jubelnd in Worte fassen wie Mama. Zwei große Seelen hatten sich gefunden.

So wurde Steinhausen, dieser große Künstler, zu einem vollmächtigen Verkündiger, Ausleger und Zeugen der Bibel. Später wurde diese wunderbare Kirche mit ihren vielen Kostbarkeiten in den grauenhaften Bombennächten in Schutt und Asche gelegt, und wir erfuhren: „Alles Ding währt seine Zeit, Gottes Lieb in Ewigkeit."

In meinem Leben wurde ich neben der Mutter auch sehr stark vom Vater geprägt. Er war ein gläubiger Jünger Jesu und ein brennender Zeuge für seinen Herrn. Zu seiner wenn die Eltern, die mich wohl schlafend wähnten, auch für mich namentlich beteten. Das Lied bewahrheitete sich in unserer Familie:

„O selig Haus, wo Mann und Frau in einer,
in deiner Liebe eines Geistes sind.
Als beide eines Heils gewürdigt, keiner
im Glaubensgrunde anders ist gesinnt;
wo beide unzertrennlich an dir hangen
in Lieb und Leid, Gemach und Ungemach,
und nur bei dir zu bleiben stets verlangen
an jedem guten wie am bösen Tag.“

Den Glauben an Jesus haben uns unsere Eltern vorgelebt, still und fröhlich, und wir haben gespürt, was für ein Segen davon ausgeht, wenn Vater und Mutter innerlich und äußerlich ganz eins sind. Diese innige Gemeinschaft mit Christus hat ihre Strahlkraft dann auch in der Gemeinde bewiesen.

Ja, neben Papa stand meine so prächtige Mutter. Als mich bei der Ordination der damalige Superintendent Niederstein fragte, wer mich in meiner Theologie am meisten bestimmt und beeindruckt habe, da gab ich ihm ohne Zögern zur Antwort: „Meine Mutter.“

Noch mit 84 Jahren regierte sie die ganze Familie in geradezu überraschender Frische. Sie stammte ja aus dem einfachen Schulmeisterhaus in Hülben auf der rauhen Alb, aber sie hatte einen weiten Horizont. Vor allem war sie von einer innigen Liebe zu Jesus geprägt. Da sank sie einmal todmüde zu Bett und sagte nur noch: „Gute Nacht, lieber Heiland!“

Ja, so stand sie mit Jesus. Es hat bei mir lange gedauert, bis ich in Glaubensdingen klar stand; daß aber dieser Jesus eine Wirklichkeit ist, war mir nie zweifelhaft. Das sahen wir doch an Mutter. Es war ihr aus dem Herzen gesprochen, als sie einmal sagte: „Kinder, ich kann keinen Pfannkuchen mehr backen ohne den Heiland."

Unsere Mutter war ein rechtes Original. Obwohl sie in einem reichen Pfarramt stand, war sie doch und vor allem in erster Linie Hausfrau und Mutter. Sie ärgerte sich oft über Frauen, die große Vorträge hielten, bei denen aber der Haushalt ungepflegt und die Kinder unversorgt waren. Sie selbst bemühte sich um einen gutgeführten Haushalt und um ein pünktliches, gutes Essen, obwohl es bei uns nie üppig zuging. Weil sie nichts anderes als eine liebevolle Mutter sein wollte, ist sie für viele eine „Mutter in Christo" geworden und vor allen Dingen eine bevollmächtigte in der „Villa" in Hülben, wie sie ihr Haus nannte. Aber sie war selten allein. Immerzu pilgerten Menschen zu ihr, die Rat und Hilfe suchten. Erst die Ewigkeit wird es offenbaren, wie vielen Menschen sie zum Segen geworden ist, nur weil sie schlicht und einfach bezeugte, was Jesus für sie bedeutete.

In den letzten Jahren war mir dies an ihr das Größte: Sie hatte allmählich viele Gebrechen des Alters zu tragen, aber wir haben doch nie, nie eine Klage von ihr gehört, bis dann die so schwere Krankheit ausbrach. Mit strahlender Freude konnte sie z. B. sagen: „Ja es ist wunderbar, ich gehöre zu den Menschen, denen es immer unverdient gut geht."

In der Ferienzeit lebten und tobten 22 Enkel um sie herum. Als ich sie einmal fragte, ob es ihr denn nicht zuviel werde, antwortete sie nur: ,O, das ist mir alles Himmelsmusik'.

Aber damals, als wir noch Kinder waren, da war sie noch jung und rüstig, eine blühende Frau mit leuchtenden, lieben Augen. Sie ließ uns viel Freiheit! „Meine Kinder dürfen gern toben, wenn sie nur nicht sündigen."

Diese Haltung hat sie auch gegenüber ihren vielen Enkeln bewahrt, die immer gern zu ihr in die Ferien kamen. Mutter Busch besaß ein wunderschönes, wertvolles Erbstück, ein Sofa, dessen Bezug aus grünen Veloursstreifen bestand. Eines Tages hatte sich einer der Enkel gerade dieses Glanzstück auserkoren und es im Spiel zu einem Garten umfunktioniert. Die grünen Streifen boten sich regelrecht als Beete an. Und weil Pflanzen zum Wachsen auch tüchtig Wasser brauchen, holte sich der kleine Kerl mit einer Gießkanne Wasser herbei und begoß damit seine Bohnen, Zwiebeln, und Radieschen. Das gute, alte Sofa wurde tropfnaß, bis es schließlich vor lauter Nässe triefte.

Es war total verdorben. Eine Tracht Prügel war dem kleinen Gärtner sicher, als sein Vater ganz entsetzt das Malheur wahrnahm. Aber in diesem Augenblick kam Mutter Busch zur Tür herein. „Laß den Jungen los, er hat es nur gut gemeint, das ist keine Sünde, wenn ein Kind in seiner reichen Phantasie etwas Ungeschicktes tut. So ein Stück Möbel trocknet wieder, und wenn es wirklich kaputt ist, dann muß es halt ersetzt werden. Über ein neues Sofa würde ich mich auch freuen."

Harte Befehle gab es bei ihr wenig, denn sie verstand es, uns die ungeliebten Pflichten mit Lust und Liebe nahezubringen. Da hatten wir am Nachmittag getollt und gespielt, daß der Kirchplatz nur so widerhallte. Um halb fünf Uhr rief sie uns herein. Da wurde dann die lange Reihe der Stiefel aller Hausbewohner geputzt. Aber auch diese Arbeit wurde zu einem Fest, zu einem großen sogar. Wir promenierten dabei im Kreis herum, Schuhe, Putzlappen und Bürste in den Händen, und sangen: Stern, auf den ich schaue; Gott ist die Liebe. Wie bist du mir so innig gut, du Hoherpriester du usf. Im Nu waren die Stiefel blank, weil uns das Singen soviel Freude machte. Nach dem Schuheputzen rüsteten wir uns zum Abendessen.

Mama war zu unserem Kummer sehr dafür, daß wir früh zu Bett gingen. Auch der Löffel Lebertran war uns eine rechte Anfechtung. Aber Mutter versöhnte unser kindliches Gemüt damit, daß sie uns immer noch eine Geschichte erzählte. So packend habe ich nie wieder jemand erzählen hören. Sie erzählte die biblischen Geschichten so, wie sie im Alten und Neuen Testament zu finden sind. Von früher Jugend an sind mir deshalb die Männer und Frauen der Bibel liebe vertraute Gestalten. Wie treue Gefährten standen sie schon mitten in meinem Kinderleben: Elias, David, Abraham, Daniel mitsamt seinen Nachfahren und tapferen Freunden, und Petrus, Paulus und all die andern. Vor allem er selbst, der Schönste unter den Menschenkindern, er wurde uns unsagbar vertraut und lieb.

Wie war das am Sonntagmorgen so schön. Mama saß auf einem Stuhl, die Mädchen setzten sich auf ein Stühlchen vor sie hin, und Mama kämmte nun sehr sorgfältig eine um die andere. Und dabei erzählte sie so spannend, daß wir alle drum herum saßen und lagerten, um mit zuzuhören. Ja, und wenn die letzte mit Kämmen fertig war, machte sich die erste schnell wieder die Haare strubbelig, nur daß das Erzählen weiterging.

Wie bangten wir um Daniel in seiner Löwengrube; wie litten wir mit Abraham auf seinem unbegreiflichen Weg zur Opferung seines Sohnes! Und dann der „Sturm auf dem Meer"! wir hörten geradezu den Sturm heulen, der das Ruder zerbrach und die Segel zerriß, und die Jünger in Todesnot brachte. Aber dann hat sich der Heiland aufgerichtet und so befreiend in das Toben und Brausen der Wogen hinausgeschrien, so daß alle tief durchatmeten: „Schweig und verstumme!" Da ward es ganz still.

Als wir am Kuban, kurz nach dem Fall Stalingrads, mitten im Sumpfgebiet, in dem es keine Deckung gab, fünfmal nacheinander einen Tieffliegerangriff erlebten, war ich völlig fertig. In großer Erschöpfung preßte ich mein Gesicht in den schlammigen Boden und hätte nur noch heulen können. Da hörte ich neben mir die Stimme meiner Mutter so deutlich, als ob ich neben ihr im Kinderzimmer lagerte: „Da hat sich der Heiland aufgerichtet und laut gerufen: ‚Schweig und verstumme!' Da ward es ganz still.

Und noch einmal konnte ich wie in Kindertagen ganz befreit aufatmen und der Kompanie die nötigen Befehle unbeschwert zurufen.

Das war wohl das Beherrschende an Mama: Ihre ungeheure Ehrfurcht vor der Bibel und ihr treuer und inniger Umgang mit ihr. Trotz ihrer ungeheuren Arbeitslast las sie täglich vier Kapitel in der Bibel. Sie wurde auch deshalb immer so grimmig, wenn jemand an der Bibel herumkritisierte.

Es kamen viele Theologen ins Haus. Mit manchen hat sie kühne Dispute geführt, wenn einer Gottes Wort antastete.

Als ich mir in meiner Studentenzeit für sauer erspartes Geld ein Buch des freisinnigen Theologen Strauß, dieses so verheerend liberalen Mannes anschaffte, hat sie es kurzerhand schnell verbrannt. Auf mein Jammergeschrei hin sagte sie nur sehr ruhig: „Wenn auf einem Fläschchen ‚Gift‘ steht, dann brauchst du es nicht erst auszutrinken, um zu probieren, ob es stimmt."

Hier muß ich noch ein anderes Erlebnis aus der Studentenzeit anfügen.

Als ich einmal in den Ferien zu Hause war, erklärte ich, im nächsten Semester wollte ich den berühmten Professor Karl Barth hören. Da setzte sich die Mutter, die damals schon Witwe war, an ihren Schreibtisch und schrieb einen Brief an den bedeutenden Lehrer. Sie fragte ihn ganz offen, ob er auch die Auferstehung Jesu leugne, wie so manche anderen Professoren. Sie sei vor Gott für ihren Sohn verantwortlich, und darum möge er verstehen, daß sie diese Frage an ihn richte. Sie käme aus dem Herzen einer Mutter, die Tag und Nacht für ihre Söhne bete, damit sie wirkliche Zeugen des Herrn Jesu würden.

Der Professor ist über die Anfrage nicht ärgerlich geworden. Im Gegenteil. Er hat der Mutter in einem ausführlichen, handgeschriebenen Brief geantwortet, welche Bedeutung die Auferstehung Jesu für sein eigenes Glaubensleben habe.

Welch große Verantwortung trug unsere Mutter für ihre Kinder! Eine schlichte Frau und ein berühmter Mann haben so miteinander korrespondiert. Aber ich glaube, hier haben zwei große Seelen einander erkannt.

Weil Mutter im Wort Gottes zu Hause war, weil ihr das Reden Gottes eine unentbehrliche Wirklichkeit war, darum konnte sie auch so freimütig mit ihrem Herrn reden. Sie war eine vollmächtige Beterin. Darüber machte sie kein großes Gerede. Es ging auch alles ohne große Feierlichkeit ab, aber wir spürten, daß ihr Beten wirkliches Leben war. Darum sind mir auch zwei Erinnerungen besonders unvergeßlich, weil sie es sonst so wenig zeigte, was sie alles mit dem Herrn besprochen hatte.

Nach dem Tode meines Vaters ging es für uns damals durch große Armut hindurch. Es war Inflationszeit, wir konnten fast nichts kaufen, dazu war das Geld von einem Tag auf den andern entwertet. So hatten wir einmal keine Kohlen mehr und auch keine Aussicht, wieder an neue zu kommen. Da kam Mama mit dem letzten Eimer die Treppe herauf. Ich entdeckte, daß sie damit zu der alten Tante Mariele wollte, die damals bei uns wohnte. Ich erhob mächtigen Protest, das sei doch der letzte Eimer und Tante Mariele könne doch gut zu uns hereinsitzen.

„Laß nur", sagte Mama, „ich habe heute morgen für alles gebetet. Es wird schon recht werden ..."

Ich weiß nicht, warum mich so heftig der Teufel ritt. „Das ist doch Unsinn, es regnet doch keine Kohlen vom Himmel!" Aber je mehr und je überzeugender ich sprach, desto ruhiger blieb Mama dabei: „Ich habe darüber gebetet, ich mache mir jetzt keine Sorgen."

Während ich noch ebenso vernünftig wie heftig antwortete und mit dem Fuß aufstampfte, schellte es an der Tür, und auf der Straße stand ein Wägelchen mit Kohlen. Wir haben nie erfahren, wer der heimliche Spender war. Sicher, wir haben später auch manchmal gefroren, und es standen keine Kohlen vor der Tür. Aber ich vergesse nicht das strahlende Gesicht meiner glücklichen Mutter.

„Glaubst du's jetzt, daß man beten kann?"

Ein andermal war ich in großer Not. Ich hatte keine Schuhe. Freilich hatte ich welche, aber in dieser armen Zeit waren sie oben und unten aus Ersatzstoffen. Ich glaube, die Sohlen waren aus reinem Pappdeckel. Nun war ein ekliges Matschwetter. Der Schulweg genügte, daß sich meine

Schuhe in völliger Auflösung befanden. Als Mama bei meinem Heimkommen auf meine Füße sah, war sie ganz verzweifelt. Es mußten neue Schuhe her, aber wer sollte das Geld dafür geben?

Da hat sie in meiner Gegenwart so herzlich darum gebetet, der Heiland möge doch helfen. Fast im selben Augenblick kam ein Brief aus Amerika, der einige Dollar enthielt, und Dollar waren in dieser Zeit ein gewaltiges Vermögen. Welch ein Eingreifen des Herrn! Mich beschäftigte freilich damals sehr die Frage, daß die Dollars doch längst abgesandt sein mußten, ehe dies so herzliche Gebet von Mutter gesprochen war.

Aber Mama meinte nur: „Das ist ja das Wunderbare: Ehe sie rufen, will ich antworten."

Tiefbeglückt zogen wir zu unserem Schuhlädchen in der Brückstraße; der Weg war wie ein Triumphzug.

Es war ein so fröhlicher, freier Christenstand, den Mama uns vorlebte. Sie sagte: „Nur Kinder Gottes können richtig fröhlich sein; die müssen es aber auch sein, denn ein vermotztes Gesicht sieht der Heiland nicht gern!"

Als ich zum ersten Mal als junger Student von daheim Abschied nahm, da hat sie mir eine kleine Taschenbibel geschenkt. Vorne hat sie mir zwei Bibelsprüche hineingeschrieben: „Freue dich, Jüngling, in deiner Jugend, und laß dein Herz guter Dinge sein."

Daneben stand aber das andere Wort: „Gib mir, mein Sohn, dein Herz, und laß deinen Augen meine Wege wohlgefallen."

So war Mama. Als sie mir das Bibelchen gab, sagte sie eindringlich: „Wohin du auch kommst, halte dich immer zu denen, die die Bibel liebhaben."

Wie wenig sie bei all dem in enger Gesetzlichkeit lebte, zeigt ein Erlebnis, dessen Sinn mir erst viel später aufging. Oft habe ich später meinen Mitarbeitern diese Geschichte erzählt, wenn sie mich fragten, ob unsere jungen Leute ins Kino gehen dürften.

Ich weiß nicht, wie alt oder jung ich damals war. Jedenfalls kam ich aus der Schule nach Hause und erklärte: „Heute abend gehe ich ins Kino!" Ich muß es wohl ziemlich kräftig erklärt haben, da ich mit erheblichem Widerstand rechnete. Ich wußte es doch, daß es meine Mutter unter gar keinen Umständen haben wollte, daß wir ins Kino gingen. Mama ahnte, wieviel ungute Bilder sich da in die Seele einprägten. Und nun? Sie verbot es mir nicht. „Ja, geh du ruhig ins Kino!" Dann sagte sie so beiläufig: „Schade, gerade heute abend wollten wir zusammen spielen, aber geh du nur ruhig!"

Als ich nach dem Mittagessen sah, wie die Geschwister sich freuten und die Spiele für den Abend herrichteten, bereute ich schon halb meinen Entschluß. Als ich zögernd davon sprach, vielleicht doch dazubleiben, erklärte jetzt kathegorisch meine Mutter: „O nein, du gehst ins Kino, und wir sind miteinander fröhlich."

Als ich vollends am Nachmittag sah, wie Mama noch Plätzchen backte, an denen ich keinen Anteil haben würde, schmolz bei mir alle Manneswürde dahin: „Ich will doch lieber hierbleiben." Aber Mama blieb zunächst hart. „Da gibt's kein Zurück; jetzt gehst du ins Kino!"

Kurzum, zuletzt bat ich wehmütig, doch zu Hause bleiben zu dürfen. Welch eine Befreiung war das, als Mama endlich sagte: „Ausnahmsweise darfst du noch einmal daheim bleiben!" O Mutter!

Ja, das war immer ihr Grundsatz: Nicht soviel verbieten, sondern bessere Freuden bereiten. Wir auf dem schmalen Weg haben es doch viel schöner als die, die auf dem breiten Weg gehen. Welch ein priesterliches Herz hatte sie!

Daß aus uns Kindern etwas geworden ist, ja daß unbegreiflicherweise auch alle Schwager, Schwägerinnen und Enkelkinder auf dem gleichen Weg mit Jesus mitziehen, verdanken wir wohl allein ihrem unablässigen Beten. Das ist nicht eine leere Phrase, sondern ein Geheimnis, das mich mein ganzes Leben begleitet hat.

Als ich in Basel studierte, erlebte ich einen sehr ausgelassenen Abend, der nicht schön war. Zwei Tage darauf kam eine Postkarte, die an jenem Abend geschrieben war, eine Karte, wie ich sie sonst nie bekommen habe.

„Ich habe so Angst um dich; stehst du innerlich noch richtig?" Es will mir heute seltsam erscheinen: Da sind wir in dieser reichen Großstadt Frankfurt aufgewachsen, aber die Verlockungen dieser Stadt sind uns nie ernstlich zur Gefahr geworden. Wahrhaft nicht deswegen, weil wir so brav gewesen wären, sondern allein deshalb, weil es daheim halt immer am schönsten war. Mutter sorgte dafür, daß Gartenstraße 71 ein Paradiesgärtlein, ein Haus voller Freude war.

Kinder waren für unsere Mutter keine Last, sondern ein besonderer Segen Gottes.

„Ich habe mir immer ein Dutzend gewünscht", konnte Mutter manchmal sagen. Sie wählte auch die Namen ihrer Kinder mit Bedacht aus. Als nach fünf Mädchen wieder ein Junge geboren wurde, nannte sie mich Johannes, das heißt: „Gott ist gnädig". Mein Vater predigte an der Taufe über das Wort: „Von Gottes Gnade bin ich was ich bin, und seine Gnade ist an mir nicht vergeblich gewesen" (1. Kor. 15,10).

Das war für mich ein rechtes Vermächtnis, und ich war später meinen Eltern für diesen Namen dankbar. Gewiß, als Kind habe ich mich öfter des Namens, der so altmodisch war, geschämt, und deshalb ließ ich mich von meinen Geschwistern und Freunden gerne „Jeanle" oder „Scho" nennen. Aber Mutter blieb hartnäckig dabei, mich Johannes zu nennen. So lernte ich meinen Namen zu lieben. Durch manches Erleben erfuhr ich die Bedeutung meines Namens: Gott ist gnädig.

Wir blieben als Familie auch nicht vor schwerem Leid verschont. Meine Eltern müssen furchtbar gelitten haben, als sie am Bett ihres sterbenden Kindes standen. Sie konnten dem kleinen Theo nicht mehr helfen. Er war an einer schweren Gehirnentzündung erkrankt und starb ihnen unter den Händen. In einem Brief schrieb damals mein Vater an seine Mutter: „Ich bitte nur, daß uns der volle

Segen des Leids und der Trübsal zuteil werde. Der Herr möge dies an uns wirken."

Unsere Mutter verstand es, bei ihren Gängen zum Friedhof uns Kindern mit strahlenden Augen zu berichten, daß der liebe kleine Theo jetzt beim Heiland im Himmel sei und er es dort sehr schön habe. So erlebten wir Kinder die Wirklichkeit der wunderbaren ewigen Welt Gottes, daß sie mir nie mehr zweifelhaft wurde.

Unsere ganze Familie bemühte sich, die Gebote Gottes zu achten. So wurde auch das neutestamentliche Wort: „Seid gastfrei ohne Murren!" beherzigt. Unser Pfarrhaus in Frankfurt hatte immer offene Türen, und das Gastzimmer stand fast nie leer. In einem Sommer zählten wir Kinder 70 Logiergäste. Unsere Mutter kannte solch reges Treiben im Haus von Hülben her. Dort herrschte immer ein stürmischer Gästebetrieb. Manchmal passierten auch seltsame Dinge.

Einmal kam Wilhelm spät nach Hause. Als er schlafen gehen wollte, lag ein fremder Mann in seinem Bett. Das gab Sturm und Aufregung.

Dann stellte es sich heraus, daß alle andern Gastbetten schon belegt waren und unsere Mutter einfach keinen andern Rat wußte, als den Bundesgauwart in das Zimmer des Ältesten zu legen. Über dem großen Umtrieb, der im Haus herrschte, hatte sie es vergessen, dem erwachsenen Sohn das mitzuteilen. Wilhelm fand dann noch auf einem Sofa eine Bleibe. Am nächsten Tag erklärte Wilhelm, er wollte unser Haus „Gasthaus zum wilden Lamm" nennen. „Weil auch ein Lamm wild werden kann, wenn man ihm sein Lager nimmt."

So lernten wir Kinder schon früh, Gastfreundschaft zu üben.

Natürlich gab es unter einer so großen Kinderschar auch mal Zank und Streit. Wir Buschkinder wußten auch um Leichtfertigkeit und Jähzorn. Aber mit großer Geduld haben die Eltern ihre Streithähne beruhigt und ihnen zurechtgeholfen. Sie haben uns nie geprügelt oder geschlagen. Ihr Wort hatte Vollmacht, und ein trauriger Blick war wirkungsvoller als eine Tracht Prügel.

Nur ich erhielt einmal eine Ohrfeige, und die hatte ich auch verdient.

Es war im Studierzimmer. Mama saß auf dem roten Sofa und hatte gesagt, ich müsse jetzt ins Bett. Zunächst überhörte ich das einfach. Als Mama es noch einmal sagte, widersprach ich. Als sie nun zum dritten Mal den Befehl gab, stampfte ich mit dem Fuß auf: „Nein, ich gehe nicht ins Bett!" Flups — hatte ich eine Ohrfeige weg. Vater war gerade im richtigen Moment zur Tür hereingekommen und hatte mein Stampfen miterlebt. Da hat er schnell mitgestampft, und ich kam auf diese Weise zur einzigen elterlichen Züchtigung in meinem Leben.

Unsere Eltern haben uns Kinder auch nie auf den Weg des Glaubens gedrängt. Aber sie haben uns vorgelebt, wie fröhlich ein Dasein mit Jesus ist. Taufen, Geburtstage, Konfirmationen, alle diese Feste waren Höhepunkte im Leben unserer Familie. Es gab aber auch Pannen bei uns.

Als ich mein Abiturzeugnis in Händen hielt, wurde bei meinem Bruder Wilhelm gerade ein Kind geboren. Darüber hatte meine Mutter die Matura völlig vergessen. Wenn Kinder geboren werden, ist das meist etwas aufregend. Als Mutter meine Verstimmung merkte, holte sie das Vergessene schnell nach. Sie schickte zum Metzger und ließ ein besonderes großes Schnitzel kaufen. Mit eigener Hand hat sie es mir gebraten, und ich durfte es ganz allein essen. Bald war ich wieder ausgesöhnt.

Auch der Gedanke an die Mission war in unserer Pfarrfamilie stark ausgeprägt. Bei diesem missionarisch ausgerichteten Geist unserer Eltern war es kein Wunder, daß ich von der studentischen Missionskonferenz an meine Mutter schrieb: „Jetzt fehlt nicht viel, und ich werde auch noch Missionar." Unsere Mutter hatte ihre Kinder als Gabe von Gott empfangen, und sie war auch bereit, sie ganz an Gott abzugeben, wenn er es von ihr verlangen würde. Es gab vor allen Dingen im Dritten Reich brenzlige Situationen. Wir drei Buschsöhne, die Pfarrer waren, wurden unseres Amtes enthoben und hatten Predigtverbot. Als wir drei Brüder uns verfehmt und ausgestoßen bei der Mutter in Hülben trafen, strahlte sie und sagte: „O, wie bin ich stolz auf meine Söhne!"

Im Kirchenkampf ging sie mutig wie Deborah voran und hat ihre Kinder nie zur Vorsicht gemahnt. Wo wir drohten, müde zu werden und aufzugeben, hat sie uns durch ihren fröhlichen Glaubensmut angefeuert.

Ich landete im Gefängnis und war verzweifelt. Ich war mitten aus meiner blühenden Arbeit herausgerissen worden. Mutter aber schrieb mir einen Brief: „Das ist ja nicht so schlimm, wenn wir um des Glaubens willen im Gefängnis sind. Schrecklich allein wäre es, wenn wir in Sünde und Schande fielen."

Ihr Vertrauen zu Jesus war für uns eine Glaubensstärkung. Einmütig standen wir Buschgeschwister mit unsern Männern und Frauen in der Bekennenden Kirche. So wurden aus ihren Kindern, Schwiegerkindern und Enkelkindern treue Zeugen Jesu. Das Vorbild unserer Mutter und Großmutter ermutigte uns, für Christus einzustehen und alles zu wagen.

Am Leben von Mama wird deutlich: Nur eins ist in unserem Dasein wichtig, daß es unter die Macht Jesu kommt, dann wird er alles herrlich hinausführen.

Unsere Mutter ist ja früh Witwe geworden und hat schwere Wege gehen müssen, um die große Kinderschar durchzubringen.

Sehr bedeutungsvoll ist mir, wie sie mit uns Kindern Vaters Sterben durchlebte und durchbetete. Unser Vater kam völlig entkräftet und todkrank von einer Evangelisation nach Hause. Mama sah sofort, daß es wohl jetzt aufs Sterben zuginge. Nur eine Woche hat Vater krank zu Hause gelegen, aber diese acht Tage waren für uns sehr entscheidend. Der Tod ist eine unheimliche, bedrohliche Macht, aber wir spürten, das Krankenzimmer ist ein Heiligtum. Die Ewigkeit und der Friede Gottes walteten darin.

Die Gegenwart Jesu war stärker als der Schrecken des Todes. Sterbend richtete sich Vater noch einmal auf und sagte: „Kinder, ich muß euch etwas ganz Köstliches sagen: Jesus ist vor der Tür."

Mama hat sehr viel in diesen Tagen gebetet, damit auch wir Kinder den Segen solchen Leidens erführen. Die Großen wurden auch mal abgeordert, in der Nacht beim Vater zu wachen.

Diese stillen Stunden der Anfechtung und des Sieges waren uns ein Vermächtnis. Der Vater betete in solch kampferfüllten Augenblicken den 46. Psalm, und dieses Gebet habe ich nie mehr in meinem Leben vergessen.

„Gott ist unsere Zuversicht und Stärke, eine Hilfe in den großen Nöten, die uns getroffen haben. Darum fürchten wir uns nicht, wenngleich die Welt unterginge und die Berge mitten ins Meer sänken, wenngleich das Meer wütete und wallte und von seinem Ungestüm die Berge einfielen. Dennoch soll die Stadt Gottes fein lustig bleiben mit ihren Brünnlein, da die heiligen Wohnungen des Höchsten sind. Gott ist bei ihr drinnen, darum wird sie fest bleiben; Gott hilft ihr früh am Morgen. Die Heiden müssen verzagen, und die Königreiche fallen; das Erdreich muß vergehen, wenn er sich hören läßt.

Der Herr Zebaoth ist mit uns; der Gott Jakobs ist unser Schutz. Seid stille und erkennet, daß ich Gott bin. Ich will Ehre einlegen unter den Heiden; ich will Ehre einlegen auf Erden.

Der Herr Zebaoth ist mit uns, der Gott Jakobs ist unser Schutz."

So kam der 31. Oktober. Wir Kinder spürten, daß es um Vater sehr ernst stand. Auf einmal rief Mutter schier überirdisch: „Hier hat der Tod keine Macht mehr — hier hat Jesus gesiegt!" Dann wurde es ganz still.

Als der Sarg am nächsten Tag geholt wurde, ging's uns durchs Herz. Wir merkten, daß ein reicher, wundervoller Lebensabschnitt zu Ende gegangen war. Wir fingen an zu schluchzen und zu weinen. Da rief Mutter mit starker

Stimme: „Kinder, wenn wir jetzt keinen Heiland hätten, müßten wir verzweifeln!"

Dieser Ruf war so vollmächtig, daß alle die Gegenwart Jesu spürten.

Aber immer wieder in dunklen Stunden, wenn die Zukunft trostlos vor uns lag, wiederholte sich diese Glaubenszuversicht. Dann sagte unsere Mutter: „Wir haben einen Heiland, und der läßt uns nicht im Stich." So vermittelte sie uns die Einzigartigkeit Jesu: Nie braucht ein Mensch zu verzweifeln, wenn er diesen Heiland hat. Das war ein Leben und eine Erziehung aus dem Glauben.

Aus dem Leben und Dienen
von Christa von Viebahn

Wenn wir fragen, wer Christa von Viebahn ist, dann lautet die Antwort: Sie ist die älteste Tochter des bekannten Generals von Viebahn. Ihr Vater war nicht nur im kaiserlichen Heer bekannt, sondern auch in den pietistischen Kreisen. Er war ein treuer Bekenner seines Herrn und im Hauptberuf Christ. Georg von Viebahn wuchs in einem gottesfürchtigen Haus auf. Schon früh begann sein geistliches Leben. Er wurde durch die Frage seines Freundes, Walter von Prittwitz, erweckt, der zu ihm sagte: „Warum siehst du immer so traurig aus?" Darauf antwortete Georg von Viebahn: „Ich kann Gott nicht so lieben, wie ich sollte." Daraufhin hat ihn sein Freund auf Jesus hingewiesen.

Es mag in der Zeit des Konfirmandenunterrichts gewesen sein, als er eines Tages mit fünfzehn Jahren an seinem Bett niederkniete und sein Leben bewußt seinem Heiland übergab. Das Wort aus Jesaja 54,10 war ihm von großer Bedeutung. „Es sollen wohl Berge weichen und Hügel hinfallen, aber meine Gnade soll nicht von dir weichen, und der Bund meines Friedens soll nicht hinfallen, spricht der Herr, dein Erbarmer."

Die Zusage von Gottes Treue weckte in dem jungen Menschen das Verlangen, selbst treu zu sein. In einem Gelübde tat er dies kund, und so wurde Treue das eigentliche Kennzeichen des Lebens von Georg von Viebahn.

In der Treue zu Christus verankert, wuchs in ihm die

Treue zu seinem König und Kaiser, die Treue zu seiner Frau und seiner Familie.

Auch in seinen Ansprachen und Predigten nahm die Treue Gottes einen weiten Raum ein. In dieser bewußten Hingabe seines Lebens an Christus mit 15 Jahren lag der Anfang eines langen Lebens in der Gemeinschaft mit Gott. Er erlebte die Gnade seines Herrn in wunderbarer Weise. In seiner Laufbahn als hoher Offizier erwies er sich als ein rechter Jünger Jesu, litt aber zugleich darunter, daß er im Offizierskorps recht einsam war mit seinem Christuszeugnis. Das mag ihn auch bewogen haben, vorzeitig seinen Abschied zu nehmen. Er wollte ungehindert Gott dienen können.

Im Jahre 1871 lernte er in einem Pfarrhaus Christine Ankersmit, eine Holländerin, kennen. In Amsterdam heiratete er sie. Es folgte eine sehr glückliche Ehe, obwohl der Altersunterschied recht beträchtlich war. Georg von Viebahn war 29 Jahre und Christine 17 Jahre alt. Der Grund für diese harmonische Zweisamkeit lag wohl mit daran, daß beide Eheleute bewußte Christen waren.

Christine Ankersmit gehörte zu der sogenannten Versammlung, nach ihrem Gründer nannten sich ihre Gemeindeglieder Darbysten. Als erstes Kind dieser Ehe wurde Christa geboren. Ihr folgten dann noch fünf Kinder. Das Familienleben war in Glück und Freude eingebettet, bis ein Schatten auf die traute Harmonie fiel. Nach nur 12 Ehejahren starb die liebe Mutter; die Geburt des sechsten Kindes kostete sie das Leben. Der Vater heiratete später die Schwester seiner Frau, mit der er bis zu seinem Tode vereint blieb. In zweiter Ehe wurden der Familie noch drei Söhne geboren. General von Viebahn war ein strenger, aber dennoch liebevoller Vater. Besonders nahe stand ihm seine Älteste. Bei der Geburt von Christa fing der Vater an, eine Chronik zu schreiben. So sind wir über das Leben von Christa von Viebahn gut informiert.

Am 25. November 1873 wurde Christa in Wiesbaden geboren. Doch der Anfang ihres Lebens war von bösen

Mächten bedroht. Der Säugling kam scheintot zur Welt, und erst nach einer halben Stunde unaufhörlichen Bemühens durch den Arzt erwachte das Kind zum Leben. Aber schon fünf Tage später brachte eine schwere Verdauungsstörung das Baby an den Rand des Todes. Erst nach vier Wochen genas Christa.

Zum Tauftag seiner Tochter dichtete der Vater folgende Verse. Sie sind wie eine Verheißung auf das gesegnete Leben von Mutter, wie sie später nur noch genannt wurde.

1. Christine, du bist, ehe du geboren,
mit tausendfältgem, innigheißem Flehn
dem Herrn geweiht, er hat dich auserkoren,
ob alles bricht, sein Friedensbund bleibt stehn.

2. Christine, Magd und Eigentum,
gebettet in des Heilands treue Hand,
dich trägt der Hirt zu seines Vaters Ruhm
durch diese arge Welt ins ewge Heimatland.

3. Christine, eine Christin sollst du sein,
demütig, gläubig, hoffend, liebend,
voll Sanftmut und Geduld, von Herzen rein,
gottselgen Wandels stilles Beispiel übend.

4. Christine! wird einst Jesus Christus rufen
an jenem großen Tage des Gerichts.
Dann eile hin zu seines Thrones Stufen.
verwandelt und verklärt, ein Kind des Lichts!

Zum 31. Dezember 1873

Christa war zunächst ein stilles, geduldiges Kind, aber mit eineinhalb oder zwei Jahren setzte bei ihr eine Trotzphase ein, die die Eltern recht bekümmerte. Der Vater schreibt dazu:

„Zuweilen konntest Du recht unartig und eigensinnig sein und mußtest dann manchmal gestraft werden. Mama und mir wurde das oft schwer, weil Du dann eine viertel oder halbe Stunde gar nicht aus Deinem Eigensinn herauskommen konntest. Es war zuweilen, als ob ein böser Geist über Dich gekommen sei, der Dich nicht losließ, wenn Du auch wolltest. Aber der Herr erhörte dann oft wunderbar unsere Gebete, und Du wurdest wieder lieb und fröhlich."

Körperlich blieb das Kind lange geschwächt. Mit zwei Jahren konnte es noch nicht laufen. Aber sein Geist war rege. Früh lernte Christa Verse auswendig und trug sie vor. Sie entwickelte auch eine große Liebe zu Tieren. Mit einem Ponywagen wurde sie durch den Garten gefahren, und die Eltern schenkten ihr Kaninchen, die sie liebevoll pflegte. In einem großen Geschwisterkreis wuchs sie auf und erlebte viele frohe Stunden. Die Familie fuhr jedes Jahr nach Amsterdam zu den Großeltern, und diese Reisen weiteten Christas Horizont. Bedingt durch den Beruf des Vaters mußte die Familie immer wieder umziehen. So lernte Christa früh, ihr Herz nicht an die Scholle zu hängen.

Mit drei Jahren nahm sie zum ersten Mal Nadel und Faden zur Hand. Später entwickelte sie auf diesem Gebiet großes Geschick. Manches Kind aus einer Arbeiterfamilie wurde von ihr eingekleidet. Auch darin sehen wir Gottes Vorbereitung für ihre spätere große Aufgabe.

Mit fünf Jahren begann der Klavierunterricht. Auf musikalischem Gebiet zeigte sie hervorragendes Talent. Ihr erstes Lied, das sie spielte, war: „Müde bin ich, geh zur Ruh." Sie wurde von einem Hauslehrer und einer Hauslehrerin unterrichtet. Mit fünf Jahren konnte sie schon lesen, und täglich gab ihr die Mutter eine Stunde Unterricht.

Der achte Geburtstag wurde für sie zu einem besonderen Tag. Christa schreibt darüber:

„An diesem Tag gab mir der Vater die Bibel in die Hand, die mir meine Patin zur Taufe geschenkt hatte. Sie hat auch immer viel für mich gebetet. Vater sagte zu mir: ,Von heute ab darfst du in deiner eigenen Bibel lesen, jeden

Tag!' Das tat ich dann auch täglich mit großem Eifer. Was mir wichtig wurde, unterstrich ich mir mit einer feinen Feder. Und ich fand so unendlich viel Herrliches in meiner Bibel. Mein Hunger und Durst nach dem Wort Gottes waren immer wieder da, jeden Morgen. Ich hatte damals ein Blättchen, wie es früher für die Jugend gedruckt wurde, mit kleinen Abschnitten, nach welchen man fortlaufend einen Teil der Bibel las, das ganze Johannesevangelium hindurch oder das Lukasevangelium. Wie habe ich mich jeden Morgen gefreut, die Bibel wurde mir sehr vertraut."

Diese erste Bibel Christas ist noch vorhanden, und wenn man sie in die Hand nimmt, sieht man, daß sie eifrig gelesen wurde. Sie ist in Leder gebunden mit Goldschnitt und zwei Schließen.

1883 zog die Familie in die Nähe von Koblenz, nach Engers. Im neubezogenen Haus, das inmitten eines riesigen Gartens lag, wurde eine richtige Schulstube eingerichtet. Sah man aus dem Fenster, dann konnte man den Rhein mit seinen vielen Schiffen, die vorüberfuhren, sehen. An ihren Masten hingen damals noch Laternen.

Am Sonntagnachmittag versammelte sich die Familie zur Bibelstunde, die der Vater hielt. Die letzte Bibelstunde, an der die Mutter teilnahm, handelte vom Gebet. Der Vater schreibt:

„Es lag Mutter sehr am Herzen, daß Ihr mit heiligem Ernst und mit Andacht beten möchtet." Es kam der 13. Januar 1884, der Geburtstag der lieben Mutter, ein Freudentag. Jedes Kind sagte Verse auf, die der Vater gedichtet hatte. Christas Vers lautete:

,Bleib in Frieden, deine Seele ruhe still an Jesu Herzen,
    daß der Kummer dich nicht quäle,
    daß die Sorgen dich nicht schmerzen.'

Wenige Tage später, am 26. Januar, wurde den Eltern ihr sechstes Kind geschenkt. Aber diese Geburt kostete der Mutter das Leben. Sie bekam Wochenbettfieber und verstarb am 3. Februar. Major von Viebahn mit seiner großen Kinderschar wurde in tiefe Trauer gestürzt. Aber der heilsgewisse Glaube des Vaters, der es gelernt hatte, im Licht der Ewigkeit zu leben, half ihm das Leid in Geduld zu tragen. Der Herr hatte es ihm auferlegt.

Christa, als die Älteste mit ihren 11 Jahren, war wohl mit am schwersten davon betroffen. Sie schreibt:

„Es kam der 3. Februar. Die Sonne schien hell, da kam der Vater in unser Zimmer und sagte: ‚Euer Mütterchen ist zum Herrn Jesus gegangen.'

Das war ein furchtbarer Riß in unserem Leben. Ich habe das als das älteste Kind wohl am meisten empfunden. Gott benutzte diesen großen Schmerz, um mich ganz nahe bei sich zu haben. Als ich so tief verwundet war, las ich viel im Propheten Jesaja vom 40. Kapitel an. Zweimal bekam ich in dieser Zeit von Freundinnen oder Bekannten das Wort geschenkt: ‚Ich will dich trösten, wie einen seine Mutter tröstet.' Ich habe eine Mutter gehabt, die mich viel getröstet hat. Jetzt aber nahm ich meine Zuflucht zu meiner Bibel und zu meinem Heiland. Die Worte der Bibel drangen mir tief ins Herz, aber ich hatte doch schreckliches Heimweh nach der lieben Mutter."

Am Grab der Mutter bekannte Christa ihrem Vater, daß sie Diakonisse werden wolle – ein Wunsch, der erst spät in Erfüllung ging.

Im Alter erzählte Christa von Viebahn:

„Ich darf sagen, daß Gott mich von Mutterleibe an berufen hat zu seinem Dienst. Mit dem erwachenden Bewußtsein wurde mir klar, daß ich ganz für Gott und seine Sache dazusein hätte. Das empfand ich als den einzig möglichen Lebensweg für mich und als ein großes Vorrecht."

Niemand ist durch seine natürliche Geburt schon ein Kind Gottes, auch wenn er in einer entschieden christlichen Familie aufgewachsen ist.

Nur durch Buße und Glauben kann der Weg zur Wiedergeburt und Heilsgewißheit beschritten werden.

Die Jahre nach dem Tod der Mutter waren für Christa von Traurigkeit überschattet. So sehr der Vater auch sein Leid im Glauben zu überwinden suchte, so lag der Schmerz doch jahrelang auf dem ganzen Haus. Jeden Sonntag ging der Vater mit seinen Kindern und einem frisch geflochtenen Blumenkränzchen zum Grab der Mutter, wo er in Tränen ausbrach. Bei Tisch herrschte eine bedrückende Stille. Wenn Gäste kamen, so stand der Stuhl der heimgerufenen Mutter blumengeschmückt an der Tafel. Keiner setzte sich darauf. Christa litt sehr an diesem ungestillten Schmerz des Vaters. Außerdem kam zu dieser Zeit eine neue Gouvernante und Hauslehrerin in die Familie. Sie war äußerst streng und lieblos und fand zu den mutterlosen Kindern keinen Zugang.

Sie verklagte sie oft bei ihrem Vater. Christa schreibt über diese Zeit: „Der Vater war sehr streng. Er war ganz von seinem Schmerz und von seinem Dienst hingenommen. Unsere Kinderherzen bluteten und vermißten die liebe, sanfte Mutter. Die Erzieherin war ein ganz heimtückischer Charakter.

Ich habe mehr für meine Geschwister gelitten als für mich selbst. Die Kleinen so geplagt zu sehen, das war für mich ganz furchtbar. Der Erzieherin wurde mehr geglaubt als uns. Sie verpetzte uns Kinder beim Vater, der meinte, die Kinder mit Strenge bestrafen zu müssen."

Am Ende einer jeden Woche gab es ein kleines Examen vor dem Vater über das, was die Kinder gelernt hatten. Aber diese Prüfung war immer mit Angst verbunden. Leider erkannte der Vater diese Not seiner Kinder nicht. Erst als Christa erwachsen war, kam eine andere Erzieherin ins Haus. Sie erzählt davon:

„Als meine so sehr geliebte Mutter bei der Geburt des sechsten Kindes starb, war ich ganz gebrochen. Der große Kummer, sie nicht mehr zu haben und gleichzeitig zu sehen, wie sie meinen kleinen Geschwistern fehlte, das macht die Jahre meiner Kindheit sehr schmerzvoll. Diese Not drängte mich aber auch ganz nahe an das Herz meines Heilandes, obwohl ich noch nicht der Vergebung meiner Sünden gewiß war. Gottes Wort redete unaussprechlich tröstend zu mir. Das täglich in meinem Stübchen gelesene Wort redete aber auch sehr ernst.

Der Heilige Geist führte mich im stillen zu tiefer Sündenerkenntnis und Sündenbetrübnis, obwohl ich durch mein Elternhaus und meine Erziehung vor viel Sünde bewahrt geblieben bin."

Über die Zeit der inneren Kämpfe schreibt Christa: „Von meinem elften bis zu meinem vierzehnten Lebensjahr ging ich mit dem Bewußtsein des auf mir lastenden Zornes Gottes in großer Angst umher, ohne daß mir der Weg des Heils und des Friedens offenbar wurde. Gott hat dies absichtlich zugelassen, damit meine Sünden- und Selbsterkenntnis tiefgreifend wurde und ich hernach die wunderbare Erlösung um so mehr schätzte. Ich las immer wieder meine Bibel, aber zu vollem Frieden verhalf mir niemand. Mein Herz war voller Angst und Furcht, friedelos, dazu der große Kummer um meine liebe Mutter.

Es waren drei schwere Jahre. Gott hat damals bei meiner Bibellese besonders Römer 3 benutzt. ,Da ist keiner, der Gutes tue, auch nicht einer!' Vor ihm stand ich eines Tages in jener Zeit und habe gesehen: Ich bin eine verlorene Sünderin. Gott hat gründliche Arbeit getan und mir allen Hochmut und Dünkel genommen. An einem Karfreitag, als mein Vater in der Andacht von Jesu Erlösungswerk sprach, konnte ich es zum ersten Mal fassen, daß Jesus alle meine Sünden getilgt hat."

Damals war Christa etwa 14 Jahre alt.

Trotzdem er in seinem Beruf als Offizier sehr beansprucht war, gönnte sich der Vater doch so manche Stunde mit seinen Kindern. Er unternahm auch Wanderungen und Reisen mit ihnen. Die Verwandten aus Holland kamen auch öfter und besuchten sie. Einmal schenkte Onkel Fritz den Kindern einen Ziegenbock, den sie „Hopsassa" nannten. Er wurde vor eine kleine Kutsche gespannt und mußte die Kinder im Garten herumfahren.

Drei Jahre nach dem Tod der Mutter heiratete der Vater die Schwester seiner Frau. Zur Hochzeit bekamen die Eheleute von Freunden ein Harmonium geschenkt.

Als die Eltern nach kurzer Hochzeitsreise wieder daheim waren, hörten sie zum ersten Mal, wie Christa darauf spielte.

1888 wird der Vater wieder versetzt, und zwar nach Frankfurt. Er schreibt in der Chronik:

„Wir verlassen eine Stätte reichen Glücks und ernster Prüfung. Du selbst, mein teures Kind, bist hier vom Kind zur Jungfrau gereift, hast deinen Gott und Heiland gefunden in diesen Jahren, hast unermeßlich reiche Segnungen und ungezählte Freuden hier empfangen von deinem himmlischen Vater."

In Frankfurt traf Christa von Viebahn mit Elias Schrenk zusammen, der Evangelisationsvorträge hielt. Wie kostbar wurde ihr die Auslegung des ersten Petrusbriefes in den nachmittäglichen Stunden. Sie schreibt aus dieser Zeit:

„Prediger Schrenk nahm Vers für Vers durch und zeigte uns die Vorrechte der Kinder Gottes. Der Satz wurde mir groß: ‚Die ihr durch Gottes Macht durch den Glauben bewahrt werdet zur Seligkeit.' Das wurde mir kostbar, daß der Herr das lebendige Vertrauen zu ihm in unseren Herzen wachruft und wach erhält und daß wir so bewahrt durchkommen."

Aber schon im August 1889 kam die Nachricht von einer erneuten Versetzung des Vaters nach Trier. Für Christa kam die Stunde, wo sie das Elternhaus für längere Zeit verlassen mußte. In Tübingen sollte sie, wie es für höhere Töchter üblich war, auf schulischem Gebiet gefördert werden. Dort kam sie auch in Berührung mit der schwäbischen Sprache. Sie arbeitete auch im Kindergottesdienst mit, und die Kleinen waren von ihrer neuen Lehrerin begeistert.

Sie erzählten immer wieder, wie schön es bei ihr sei. Als sie gefragt wurden, was sie denn erzählt hätte, antworteten die Kinder: „Schön war's, verstanden haben wir aber nichts."

Nach dieser Erfahrung beendete Christa ihre Mitarbeit im Kindergottesdienst.

Später übersetzte sie das Buch „Die Erfahrung des Soldaten" aus dem Englischen ins Deutsche. Wieviel Freude erfuhr sie gerade durch ihre ausgeprägte sprachliche Begabung. Aber auch das Lesen geistlicher Schriften vertiefte in ihr die Gewißheit, in Gott geborgen zu sein. Sie erzählt folgendes:

„Ich betete und rang mit Gott, wie ich Menschen gewinnen könnte, die noch in Sünde und Nacht dahingingen. Zwischen unseren Hausangestellten und mir knüpfte der Herr ein inniges Band.

Sie hatten bei uns den Heiland gefunden. Sooft es irgend ging, hatte ich mit ihnen abends Gebetsgemeinschaft. Wir waren sehr glücklich miteinander und schöpften Wichtiges aus der Bibel."

Ihr Verhältnis zu Jesus wurde immer strenger. Sie wußte sich im Dienst für Gott. Morgens galt es, die Pflichten im Haushalt zu erledigen, aber dann war sie frei. Sie schreibt über diese Zeit:

„Ich besaß oben im Dachstock mein eigenes Stübchen. Morgens erfüllte ich meine Pflichten, aber dann konnte ich in meinem Zimmer verschwinden, um Stunde um Stunde in der Einsamkeit zu verbringen. Ich weilte im Gebet vor Gott, las meine Bibel und studierte Schriften, die mich in die Tiefe des göttlichen Wortes einführten. Ich weiß noch so genau, wie es war, als ich zum ersten Mal die Worte aus Psalm 27 fand: ‚Der Herr ist mein Licht und mein Heil, vor wem sollte ich mich fürchten? Der Herr ist meines Lebens Kraft, vor wem sollte mir grauen?' Vor allem wurden mir die Briefe des Apostels Paulus und die fünf Bücher Mose sehr kostbar. Die Opfer, die Einrichtung der Stiftshütte in ihrer beispielhaften Bedeutung auf Christus hin und die Erlösung wurden mir vertraut."

Besonders liebte Christa von Viebahn ein Lied, das Dora Rappard gedichtet hatte:

„Herr und Heiland, mach mein Herze für und für
so in Freuden wie in Schmerzen still vor dir!
Wenn in lauten, dunklen Stürmen
Wogen sich auf Wogen türmen,
halt mich unter deinem Schirmen
still vor dir.

Deines sanften Geistes Fülle schenke mir!
Und es bleibe stets mein Wille still vor dir.
Still, doch stark sind, die du liebest,
weil du überschwenglich gibest
dem, den du im Warten übest
still vor dir.

Still vor deinem Angesichte laß mich hier
wandeln treu in deinem Lichte, still vor dir.
Still, weil du mein Herz gestillet
und mit deiner Gnad erfüllet,
weil aus dir mein Leben quillet
still vor dir."

Durch die vielen Versetzungen des Generals von Viebahn wurden der Familie viele Opfer auferlegt; aber Christa lernte dadurch, frei von Bindungen an die Menschen und Verhältnisse zu sein. Als sie später Mutter für viele Diakonissen wurde, bei denen ein Großteil ihres Dienstes in einer gut organisierten Straffheit geschieht, kam ihr die Unabhängigkeit von Äußerlichkeiten sehr zugute. Diakonissen werden oft versetzt und müssen flexibel sein, nach dem Ruf des Herrn. Wie wunderbar hat Gott Christa von Viebahn für den späteren Dienst vorbereitet. Sie wurde zu einem geheiligten Gefäß zu Ehren ihres Dienstherrn geformt und gebraucht und zu allem guten Werk bereitet. Es gibt ein lateinisches Sprichwort: Suaviter in modo, fortiter in re. Zu deutsch heißt das: Freundlich in der Form, doch fest in der Sache. Diese Wahrheit ließe sich auch auf Christa von Viebahn anwenden.

Zu Hause ging sie ihren Pflichten gewissenhaft nach. Die Hausangestellten lagen ihr am Herzen. Sie wollte sie für Jesus gewinnen. Manche bezeugen, daß sie durch Christa auf den Weg des Glaubens gebracht wurden. Sie selbst berichtet:

„Ich hatte eine jüngere Schwester, die eine Sonntagsschule leitete. Ihr gelang es, viele Menschen für Jesus zu gewinnen. Ich hatte wohl schon Kindern Gottes vorwärtsgeholfen, näher zum Herrn hin, aber wirklich Seelen für den Herrn gerettet, das hatte ich noch nicht. Das war mir arg, meine jüngere Schwester beschämte mich hierin.

Dann bin ich zum Herrn gegangen und habe ihn angefleht: ‚O Herr, zeige mir, woran dies liegt. Wirke dies doch auch in mir. Denn da ich deine Jüngerin bin, muß ich dir doch auch Seelen gewinnen.‘ Mein Herz brannte danach, und auf viel heißes Flehen hat der Herr es mir geschenkt und hat mich umgestaltet, daß ich es konnte.

Es gibt nichts Schöneres und Erquickenderes, als das erste innere Erwachen zu erleben, wie der Geist Gottes ein Herz aufmerksam, lebendig, fragend, sehend, willig macht, ins Licht zu kommen und dann sich dem Herrn Jesus zu ergeben.“

Aber Christa von Viebahn ging auch durch manche Enttäuschung und durch manchen Kampf. Sie suchte die reine, vollkommene Gemeinde und fand sie nicht.

Jahre später erzählt sie:

„Ich freute mich als junges Kind Gottes des großen Heils, das Gott mir geschenkt hat durch Jesus, und ich durfte schon eine ganze Zeitlang dem Herrn dienen an anderen Menschen. Aber mein Weg brachte auch viel Leid und Kämpfe mit sich. Das stand mir dann immer sehr ausgeprägt im Gesicht.

Da kam eines Tages ein väterlicher Freund zu Besuch in unser Haus. Er sagte zu mir: ,Christa, ich weiß, daß du dich am Herrn freust und daß du ihn und seine Herrlichkeit vor Augen hast. Aber wenn du den Menschen dienen willst, muß das auch mehr auf deinem Gesicht zu lesen sein, mußt du viel fröhlicher sein. Was du an Schwerem auf dem Herzen hast, mußt du überwinden, du darfst das die Leute nicht merken lassen.' Ich habe es mir sehr zu Herzen genommen und befolgt. Ein frohes Herz, ein frohes Angesicht darf ich haben, weil ich eine frohe Botschaft zu bringen habe, eine frohe Botschaft von Gott."

Mit ihrer Freundin, Lis Kübel, ging Christa für ein halbes Jahr nach England. Dort lernte sie die englische Heiligungsliteratur kennen; ihr geistlicher Horizont erweiterte und ihr Glaubensleben vertiefte sich. Dieser Aufenthalt in England vermittelte ihr auch starke missionarische Impulse. Als sie wieder in Stettin war, übernahm sie evangelistische und seelsorgerliche Aufgaben. Sie berichtet von dieser Zeit:

„Meine Eltern erlaubten mir, gläubige Frauen und Mädchen abends in mein Zimmer einzuladen. Das wurde für mich zu einer Einübung für meine späteren Dienste in der Frauen- und Mädchenarbeit in Stuttgart."

Aber auch in den Arbeitervierteln setzte sich Christa bald nach der Rückkehr aus England ein und hielt Bibelstunden für Frauen und Mädchen in deren Wohnungen. Sie erzählt:

„Ich hatte bei den Arbeiterfrauen Eingang gefunden. In den Vororten wußte ich je eine Familie, in der Frauen mir erlaubten, daß ich in ihren Wohnzimmern eine Bibelstunde halten durfte. Es war ein sehr inniges Band, das der Herr zwischen ihnen und mir knüpfte. Große, wunderschöne Familienkreise gab es mit sehr viel Freude und klaren Bekehrungen. Wie beglückend waren die Fortschritte bei den einzelnen! Nach der Stunde sprachen sie mit mir oft noch über ihre mancherlei Schwierigkeiten oder auch Freuden, und ich half ihnen beim Nähen und Kochen, in der Wochenbett- und Kinderpflege oder in Krankheitsfällen. Da tat ich zum ersten Mal tiefe Einblicke in die Nöte der

Frauen und trug mit ihnen. Allmählich wurde ich eine Arbeiterin für den Herrn."

Dieser Lebensabschnitt war von weitreichender Bedeutung. Er führte zum ersten Schritt über die Grenzen des Elternhauses hinaus, das trotz seiner christlichen Atmosphäre wenig Verständnis für soziale Fragen hatte. Christa von Viebahn suchte nach neuen Wegen, Menschen die Heilsbotschaft anzubieten. Darüber schreibt sie:

„Auf den Auftrag des Herrn kommt es an. Das große Ich unseres Herrn wollen wir zu Herzen fassen. Wenn er sagt: ‚Ich sende dich, ich beauftrage dich', wollen wir gehorchen, wie es auch sei. Das macht den Lebensweg eines Kindes Gottes so einfach. Wenn ich zurückdenke an mein Leben, dann hat der Herr es mir auffallend leicht gemacht. Er hat befohlen, ich durfte folgen, ob schwer oder einfach, ob angenehm oder bedrängend. Danach hat der Herr bei mir nicht gefragt, und ich brauchte auch nicht viel danach zu fragen. So hat er mich geführt von einer Gnade zur andern. Die Einwände bringt der Herr zum Schweigen, und er freut sich über den vollen und ganzen Gehorsam, über die ganze Opferbereitschaft. ‚Denn zu allen, wohin ich dich senden werde, sollst du gehen. Das ist sein Wille.'"

Man spürte Christa von Viebahn den Drang ab, Menschen für Jesus zu gewinnen, und die Liebe zu den Verlorenen war dabei die treibende Kraft.

So erweckt sich Gott immer wieder Menschen, die er mit brennender Liebe begabt, wie z. B. eine Eva von Tiele-Winckler in Oberschlesien, Johann Hinrich Wichern in Hamburg, oder Gustav Werner im Schwabenland.

Es war aber nicht nur ein Ringen um die Seelen der Menschen, sondern Christa von Viebahn sah auch die Not der Arbeiter und kannte das Wort Jesu: „Ich bin hungrig gewesen, und ihr habt mich gespeist; ich bin krank gewesen, und ihr habt mich besucht; ich bin nackt gewesen, und ihr habt mich bekleidet."

Nun wurde auch deutlich, wie wichtig es gewesen war, daß sie nicht nur Zeichen- und Klavierunterricht bekommen hatte, sondern auch in Frankfurt einen Schneiderkurs auf der Akademie besucht hatte. Sie hielt es mit dem Motto von Johann Hinrich Wichern: „Die Seele der Barmherzigkeit ist die Barmherzigkeit mit der Seele." Für Christa von Viebahn galt das Wort des jungen Mose, der gesagt hatte: „Er sah ihre Last." Sie stellte bereitwillig ihre Schultern unter diese Last und half, wo sie nur konnte. Die entscheidende Hilfe aber war das Wort Gottes. Nur eine klare Bekehrung des Herzens hin zu Gott schafft die Erneuerung des Menschen. Bei Christa von Viebahn gingen das Wort Gottes und die Tat der barmherzigen Liebe Hand in Hand. Unter persönlichem Einsatz organisierte sie eine Schriftenmission. Nach Fabrikschluß stand sie mit einer Bekannten an den Werkstoren und verteilte evangelistisches Schrifttum. Die beiden jungen Frauen standen als Zeugen Jesu mutterseelenallein den noch vielen christusfernen Menschen gegenüber. Aber sie vertrauten ihrem Herrn und blickten auf zu ihm, der ihnen zusicherte: „Siehe, ich bin bei euch alle Tage bis an der Welt Ende."

Das adlige Fräulein erreichte sogar, daß es einmal in der Woche im Fabriksaal den Ruf zu Christus verkündigen durfte. Eine zarte Frau wagte es, im Glauben diesen missionarischen Schritt zu gehen, längst ehe von Fabrikmission die Rede war. Nach langem Gebet war ihr diese Aufgabe aufs Herz gelegt worden.

Sie hielt in der Fabrikhalle Bibelstunde, und es wurden Erweckungslieder gesungen.

Täglich machte sie auch Hausbesuche in den hintersten und dunkelsten Winkeln. Für die damalige Zeit war es äußerst anstößig, wenn sich eine junge Dame aus dem Adelsstand in die Armenviertel wagte. Aus dem vornehmen und geistlich ausgerichteten Elternhaus tritt eine junge Frau hinaus in die Welt des Unglaubens, der Lieblosigkeit, des Hasses. Das war etwas Ungeheuerliches.

Aber Christa von Viebahn erkannte, daß sie nur dann helfen konnte, wenn sie selbst im geheiligten Umgang zu ihrem Herrn stand und in ungetrübter Gemeinschaft mit ihm lebte. Später, als sie die Mutter vieler Schwestern wurde, hat sie sehr darauf gedrungen, ein Leben der Heiligung zu führen und sich selbst nicht die geringste Untreue zuzugestehen. Der Dienst für Gott wird nur dann fruchtbar, wenn Jesu Jünger in der Buße bleiben und die erneuernde Gnade am eigenen Leibe geschehen lassen. Ich zitiere wieder aus dem Buch „Ich hatte Durst nach Gott":

„Es konnte nicht ausbleiben, daß Christa, je mehr sie in die Schicksale der armen und gottentfremdeten Menschen hineinsah, um so mehr den großen Unterschied fühlte zwischen ihrem eigenen Elternhaus und jenen Arbeiterfamilien. Die gesellschaftliche Stellung des Vaters als Brigadegeneral, das große Vermögen, das seine Frau von ihren verstorbenen Eltern ins Haus brachte, das eigene große Haus mit seinen Repräsentationspflichten auf der einen Seite — und die vielfache Not in den Arbeiterfamilien auf der andern Seite, das brachte sie in schmerzliche Konflikte. Sie hätte am liebsten auf alles verzichtet um jener willen, die sie in ihrer Arbeit liebgewonnen hatte. Das drückte sich auch in ihrer schlichten Kleidung aus, was Eltern und Geschwister merkten. Es ging nicht ohne innere Kämpfe ab, als Christa erkannte, daß sie das Elternhaus verlassen sollte. Zwei ihrer Schwestern hatten geheiratet. Sie selbst blieb ehelos und brauchte doch für ihren Dienst die volle Unabhängigkeit und Freiheit. Auch wenn die Eltern sie nicht hinderten, ging es begreiflicherweise nicht ohne Spannungen ab. Sie erzählte: ‚Meine lieben Eltern und Geschwister konnten nicht verstehen, wenn ich mich mit den Armen und Schlichten so eins machte. Doch so hat es der Herr mich früh gelehrt.'"

Christa wollte und konnte den Stil des Elternhauses nicht einfach übernehmen. Sie fühlte sich fremd, wenn sie aus einer Arbeiterwohnung Stettins in die vornehme Villa mit ihrem Luxus heimkehrte. In ihrem Glauben wußte sie sich mit den Eltern verbunden, aber für sich selbst mußte sie andere Folgerungen ziehen. Sie wollte nichts Besonderes sein, sie wollte nur dem Willen ihres Herrn gehorsam sein.

Auch die Liebe zu ihrem Vater durfte sie nicht hindern, Jesus unbedingt zu folgen und ihm gehorsam zu sein. Pomp und Glanz waren ihr zuwider.

Christa schreibt in ihren Erinnerungen:

„Ich sagte allem ab. Meine Geschwister spotteten über meine Kleidung, die der ihren nicht gleichkam. So war mein Stand im Elternhaus nicht leicht. Meine Eltern waren ja gläubig, aber die Vornehmheit und der Reichtum! Ich wollte ungeteilt und ganz für den Herrn da sein. So zog ich von zu Hause aus und ging mit Fräulein Kübel nach Stuttgart. Meinem lieben Vater wurde es sehr schwer, aber ich wußte: es ist der Weg des Herrn. Meine liebe Mutter war verständnisvoll und hat mir aus ihrem Vermögen meine ganze Ausstattung für Stuttgart gegeben. Doch es gab einen schmerzlichen Riß in der Familie."

General von Viebahn sieht diese Entscheidung mit wehem Blick. Er schreibt: „Am 4. September 1907 verließ Christa das Haus, um nach Stuttgart zu ziehen, ein großer Verlust, ein tiefer Schmerz!"

Einer der Brüder erzählte, er habe an jenem Abend den Vater im Nachbarzimmer laut weinen hören.

Es war kein Bruch mit dem Elternhaus, sondern Christa war nur dem Ruf ihres Herrn gefolgt, als sie nach Stuttgart ging. 34 Jahre war sie alt, als sie sich von Gott ganz in Dienst nehmen ließ. Das Schwabenland war ihr ja von der Zeit in Tübingen her bekannt. Eigentlich hätte man erwarten können, daß der freigewordene Vogel nun seine Schwingen erheben würde und mächtige Flüge täte. Jetzt war Christa vom Elternhaus unabhängig, brauchte keine Rücksicht auf familiäre Verpflichtungen zu nehmen, und danach hatte sie sich gesehnt. Aber in Stuttgart geschah zunächst nichts Spektakuläres oder Besonderes.

Die ersten sieben Jahre verliefen seltsam still. Christa wartete auf neue Befehle von ihrem Herrn. Christa beschäftigte sich mit Übersetzungen aus dem Englischen und Französischen ins Deutsche. Doch bald fand sie Kontakt zu gefährdeten Mädchen. Sie nahm sie sogar in ihre Wohnung auf, um ihnen zu helfen. Für ihre missionarische Aufgabe brauchte sie auch weiten geistlichen Raum.

Aus diesem Grunde verließ sie auch den Kreis der Darbysten, der ihr zu eng schien, und trat in die Landeskirche über. Christa von Viebahn baute eine Blättermission auf. Im übrigen nahm sie sich viel Zeit zur Stille über dem Wort Gottes. Der Kreis der Frauen und Mädchen, die sich um sie sammelten, nahm beständig zu. Sie brauchten begleitende Seelsorge, denn in der oftmals fremden Stadt, wo sie als Hausangestellte und Verkäuferinnen arbeiteten, fühlten sie sich einsam und verlassen. So waren sie dankbar, in Christa von Viebahn eine mütterliche Seelsorgerin gefunden zu haben. Sie schreibt selbst über diese Zeit:

„Zu Neujahr 1915 mieteten wir einen Laden im Kaiserbau am Marienplatz und begannen mit einer Evangelisation. Fünftausend Einladungen ließen wir drucken und verteilten sie auf den Straßen und in den Häusern, in den Fabriken und in Straßenbahnen. Am ersten Abend kamen nicht viele, aber mit großer Freude haben wir 8 Tage evangelisiert und den Menschen das Heil in Christo vor Augen gestellt. Vom dritten Tag an lud ich zu persönlicher Aussprache ein. Der Herr war nahe und schenkte Bekehrungen."

Es gab aber auch Anfeindungen. In Zeitungsinseraten warnte der Stadtdekan von Stuttgart vor Christa von Viebahn. Aber Gott stand hinter dieser mutigen Frau und beglaubigte ihren Dienst. Schon nach einem Jahr intensiver Evangelisationsarbeit reichte der Raum nicht mehr aus. Man zog in eine große Werkstatt um. Regelmäßig konnte nun ein Wochenprogramm durchgeführt werden.

Der Sonntagnachmittag gehörte den berufstätigen Mädchen. Montags war Evangelisation und donnerstags eine öffentliche Bibelstunde. Die mütterliche, liebevolle Art von Christa von Viebahn tat den jungen Mädchen wohl, und viele ließen sich für Jesus gewinnen. Sie spürten bei ihr die Liebe Christi. Eine ganze Gruppe von Telefonistinnen fand sich ein. Eine brachte die andere mit. Eine junge Frau schilderte ihren ersten Eindruck folgendermaßen:

„Ich dachte, das Fräulein von Viebahn wird eine steife, vornehme Dame sein, adlig! In der Königszeit stand der Adel hoch im Kurs. Die Tür ging auf, und sie kam als erste. Vor der Gebetsstunde sprach sie über das Wort: ‚Der Pfad des Gerechten ist wie das glänzende Morgenlicht, das stets heller leuchtet bis zur vollen Tageshöhe.' Dann beteten einige der Kolleginnen. Nein, Fräulein von Viebahn war nicht steif. Als sie an diesem Abend hereinkam, war sie so freundlich."

Christa von Viebahn faßt die Erfahrungen der Arbeit von zwanzig Jahren (1907-1927) mit den Worten zusammen:

„Es kamen viele herzu, denen ihre Nöte und Sünden eine schwere Last waren und die sich darüber aussprechen wollten und Gebetshilfe in Anspruch nahmen. Gott schenkte Bekehrungen, Übergaben an den Herrn."

Schon 1915 kam ein neuer Auftrag zu schriftstellerischer Arbeit. Darüber schreibt sie selbst:

„Im Mai 1915 brach mein lieber Vater auf einer Evangelisationsreise mit seiner Kraft zusammen. Er kehrte als ein schwer leidender Mann nach Berlin zurück, wo meine Eltern seit 1911 lebten. Es war höchste Zeit, daß das nächste Heft des Bibellesezettels geschrieben wurde, das am 1. Juli erscheinen sollte.

Vater fühlte sich völlig außerstande zu irgendwelcher Arbeit und ließ mich fragen, ob ich nicht kommen und ihm helfen wollte. Zu dieser Zeit hatte ich keine schriftliche Arbeit, und ich litt darunter. Eilends machte ich mich für einige Wochen frei von der Arbeit in Stuttgart und kam nach Berlin zu meinem Vater. Innerhalb von vier Wochen durfte ich dann zum ersten Mal den Bibellesezettel für ein Vierteljahr schreiben. Das 3. Buch Mose und der Prophet Daniel waren gerade an der Reihe. Es kam mir sehr zugute, daß ich einst die fünf Bücher Mose so gründlich studiert hatte und soviel Kostbares darin gefunden hatte, ja, daß der Herr mir sein Wort überhaupt so wichtig gemacht hatte. Außerdem waren noch das Johannesevangelium und die

Psalmen zu bearbeiten. Vater freute sich sehr, daß Gott mir Gnade und Gelingen gab zu dieser Arbeit. Als ich wieder abreiste, sagte er: ‚Es wäre mir lieb, wenn du den Bibellesezettel weiterführen könntest.'"

Am 15. Dezember 1915 ging' der Vater heim, und Christa von Viebahn wurde die Arbeit ihres Lebens übertragen, die sie weit über die Grenzen Deutschlands bekannt machte. 40 Jahre hat sie den Bibellesezettel mit viel Liebe, mit großer Bibelkenntnis und mit reicher seelsorgerlicher Erfahrung weitergeführt. Zehntausende von Lesern konnten so in den Reichtum des göttlichen Wortes eingeführt werden, und ihre sprachliche Begabung zeichnete sich mehr und mehr ab. 1920 erschien ihr erstes Buch: „Jesus im dritten Buch Mose."

Dora Rappard sagt dazu im Vorwort:

„Das dritte Buch Mose ist für viele ein verschlossenes Buch. Sie sehen darin nichts als eine Reihe von Geboten und Vorschriften, die, wie sie meinen, nur das Volk Israel angehen und für uns Christen wenig Bedeutung haben.

Aber ganz anders wird es, wenn der Herr Jesus durch seinen Heiligen Geist einer Seele naht und anfängt – beginnend bei Mose und allen Propheten –, ihr die Schrift auszulegen und ihr alles darin zu zeigen, was ihn betrifft.

Da erkennt man ihn und sieht in den Opferschatten das Bild des einen unschuldigen Lammes, dessen Blut uns volle Vergebung und dessen Tod uns das Leben erworben hat. Da ist der Schlüssel zum Verständnis des Schriftganzen gefunden. Auf jeder Seite dieses Gesetzbuches leuchtet uns das Evangelium entgegen."

Die Arbeit an den jungen Mädchen dehnte sich weiter aus. 1919 wurde ein Helferkreis gegründet; Christa von Viebahn wußte, wie wichtig es ist, daß der bekehrte Mensch selbst Verantwortung übernimmt und Christus mit seinen Gaben dient. Alle vier Wochen traf sich der Helferkreis, und die Anliegen des Vereins wurden besprochen. Sie schreibt:

„Von unseren Helferinnen erwarten wir, daß sie uns in

der Arbeit mit Gebet und Flehen unterstützen und sich gern um andere Seelen im Verein annehmen."

So entstand aus den regelmäßigen Zusammenkünften unter dem Wort eine kleine Gemeinde. Für den Helferkreis wurden Regeln aufgestellt.

Hier folgen einige:

1. Von einer Helferin erwarten wir, daß sie eine klar geordnete Vergangenheit hat und sich mit Mutter Christa darüber ausgesprochen hat, daß sie nichts Hinderndes und dem Herrn Mißfälliges bewußt in ihrem Herzen und Leben bestehen läßt.

2. Daß sie ihr Ichleben, soweit erkannt, dem Herrn auf den Altar gelegt habe und es auch nicht von neuem aufnehme, sondern als eine entschiedene Jüngerin Jesu ein tägliches Leben des Überwindens und des Sieges in der Kraft Gottes führe.

3. Hierzu bedarf sie notwendig ihrer täglichen Stille, eines wirklichen Gebetsumgangs mit ihrem Herrn und eines verlangenden Lesens in seinem Wort. Daß jede Helferin hierzu dankbar den Bibellesezettel benutzt, um in der eigenen Bibel vertraut zu werden, das erwarten wir.

4. Eine Helferin soll eine Fürbitterin bei Gott für den andern sein und ein Herz voll Retterliebe und Rettersinn haben. Sie ist dazu da, ein brennendes und leuchtendes Licht zu sein an ihrem täglichen Platz, um andere durch ihren Wandel zu gewinnen, vor allem in der täglichen Umgebung.

In diesem Helferkreis liegt schon die Keimzelle für die kommende Schwesternschaft.

Die Sätze zeigen, wie sehr Christa von Viebahn ein Kind der Gemeinschaftsbewegung ist, denn ihre Zielsetzung lautet: Bekehrung, Hingabe, Heiligung, Bibel, Gebet, Zeugnis geben, Seelen gewinnen. Aber auch Kinderstunden wurden eingerichtet, und über die Kinderstunden wurden die jungen Mütter erreicht. Regelmäßig wurden Frauenstunden abgehalten. Es entstanden auch verschiedene

Chöre, und die Blättermission wurde weiter ausgebaut. Christa von Viebahn stand auch im regen Briefwechsel mit den jungen Mädchen und Frauen. Man merkt ihren Zeilen an, daß sie aus inniger Liebe zu diesen jungen Menschen geschrieben wurden. Im Mittelpunkt stand immer das Heil in Christo und die gesunde innere Entwicklung zu diesem Herrn. Es waren lange, inhaltsschwere und glaubensstärkende Briefe, in denen dem Wort Gottes weiter Raum gewährt wurde.

Zu Neujahr 1924 fand das erste feierliche Treffen der jungen Mädchen statt, die Stuttgart wieder verlassen hatten. Darüber berichtet Christa von Viebahn folgendes:

„Der Herr Jesus hat diese Tage besonders gesegnet. Die Lieben kamen mit verlangendem Herzen und brachten noch andere mit. Bald kam zu dem Neujahrstreffen noch die Pfingsttagung hinzu, weil viele im Winter nicht gut abkommen konnten.

Die Teilnehmerzahl wächst mit jedem Jahr. Das ist vom Herrn, und wir bitten ihn auch für jedes Zusammensein um seine Gegenwart und um das Wirken des Heiligen Geistes. Die Auswärtigen werden dann von den Stuttgartern zum Übernachten mitgenommen."

Durch die Auswärtigen bildete sich bald in Stuttgarts Umgebung ein Kranz von kleinen Filialen, so auch in Aidlingen. Die Zusammenkunft in Aidlingen sollte noch sehr weitreichende Bedeutung haben.

1921 hielt hier eine Helferin die erste Bibelstunde. Auf ihren Einwand, sie könne ja keine halten, antwortete Christa von Viebahn: „Der Herr wird dir alles schenken, ich bete für dich. Du kannst auch noch jemanden mitnehmen. Macht alles miteinander aus!"

In Aidlingen waren viele Zuhörerinnen gekommen. Die Stube war ganz voll.

Auch die Schwester des Aidlinger Pfarrers war mit ihrem Mädchenkreis anwesend.

So beglaubigte der Herr den tapferen Einsatz seiner Botinnen.

Mit diesem gesegneten Dienst in Aidlingen war für Christa von Viebahn eine neue Wegstrecke angebrochen. Wir denken zurück, als die elfjährige Christa am Grabe ihrer Mutter zu ihrem Vater sagte: „Ich möchte Diakonisse werden."

Wunderbar hat der Herr diesen Wunsch zu einer Berufung gestaltet. Was wir heute im Mutterhaus Aidlingen vor uns haben, ist die Frucht bedingungslosen Gehorsams. Schwester Christa war bereit, ihrem Gott in völliger Hingabe zu dienen.

„Errettet, um zu dienen", so stand es über der Bibelschule, die in Aidlingen gebaut wurde. Das war Mutter Christas Motto: „...daß Christus wohne in euren Herzen und ihr durch die Liebe eingewurzelt und gegründet werdet" (Epheser 3,17). Es ging ihr um die Rettung verlorener Menschen. Das war die Aufgabe, die Gott für sie bestimmt hatte. Sie nahm es mit diesem Auftrag sehr ernst. Einem jungen Mädchen konnte sie eindringlich zurufen: „Der Herr Jesus liebt Sie!" Dieses Wort fiel in das Herz des dürstenden jungen Menschen, der dann niederknien und sich dem Herrn übergeben konnte.

Am 13. November 1927 war der große Bau fertiggestellt. Er vereinte in sich eine Frauenbibelschule und das Diakonissenmutterhaus. Bei der Einweihung trug Schwester Christa zum ersten Mal die Schwesterntracht. Sie sagte über diesen Tag: „Wenn der Herr uns in seinem Dienst haben will, müssen wir viele Tode sterben und viele unerwartete Prüfungen, Schmerzen und Ängste durchmachen. Das hat mich ihm aber nähergebracht." Es wurde ein froher Tag, und am Schluß dieser Veranstaltung wies Schwester Christa auf das Wort aus 2. Chronik 7, 16 hin: „Nun habe ich dieses Haus erwählt und geheiligt, daß mein Name daselbst sei ewiglich, und meine Augen und mein Herz sollen daselbst sein alle Tage."

Sie fügt hinzu: „Es ist mir ein großes Anliegen, daß die Flammen der Retterliebe in allen Herzen lodernd brennen."

Aber Mutter Christa, wie sie von ihren Schwestern

genannt wurde, hatte auch große Anfechtungen zu durchstehen. So schreibt sie in einem Brief:

„Gott läßt mich sehr schmerzliche – ja ganz erschütternde Enttäuschungen erleben. Betet doch auch alle füreinander um Heiligung und Bewahrung vor Sünde! Wie listig der Feind es anfängt, zu umgarnen, das läßt sich nicht aussprechen: ‚Wer zu stehen sich dünkt, der sehe zu, daß er nicht falle!‘ "

In der Aidlinger Schwesternschaft wurde auf die Seelsorge großer Wert gelegt.

Das Ziel der Schwestern sollte die persönliche Heiligung und die Hingabe in den Dienst für Christus sein. Dem Lesen der Bibel und dem Gebet wurde viel Bedeutung beigemessen. Jede Diakonisse sollte täglich nach dem Aidlinger Bibellesezettel eine stille Zeit halten.

Mutter Christa arbeitete in innerer Sammlung und Stille vor dem Herrn am Bibellesezettel und wollte dafür klare Weisungen von ihm empfangen. Ihre persönlichen Erfahrungen sind in tagebuchartigen Notizen wiedergegeben: „Ich habe erkannt und gelernt, daß ich keine Zeit spare, wenn ich die Zeit des nahen Umgangs mit Gott kürze! Im Gegenteil, ich beraube mich meiner Befähigung und Ausrüstung und brauche dann zu meinen Aufgaben viel mehr Zeit: vor allem kann ich sie nicht so reif und gesegnet erfüllen, wie es sein soll.

‚Mag ich versäumen, was es sei – scheinbar das Wichtigste –, aber, Herr, schenke mir, daß ich mein stilles Weilen vor dir nicht versäume!‘

Was Gottes Aufträge für mich auch sein mögen – das Vor-ihm-Sein ist das Wichtigste! O daß ich ein Mensch des Gebets sei!"

Im Dienst der Schwestern kam es nicht auf die Größe und Bedeutung des Auftrages an, sondern auf die Treue. Auch der geringste Einsatz erfuhr seinen Adel, weil er um Christi willen getan wurde. „Alles, was ihr tut, das tut von Herzen als dem Herrn und nicht den Menschen." Dieser Aufruf war für die Diakonissen verpflichtend.

Mutter Christa faßte selbst beim Bau mit an und schonte sich nicht. Als einmal in der Küche viele Säcke herumstanden, holte sie sich eine Mitarbeiterin, und gemeinsam wurde der Zement fortgeschaft. Sie konnte auch gut mit Hammer und Zange umgehen und leistete auf handwerklichem Gebiet tüchtige Arbeit. Sie handelte nach dem Wort aus Nehemia: „Wir bauten die Stadt und fügten sie ganz aneinander."

Es ist durchaus biblisch, wenn der Feind Gottes sich an solch wagemutigem Einsatz ärgert und sein Störfeuer einsetzt. Mit heftigen Attacken will er das junge Pflänzlein „Diakonie" ausrotten oder ihm schaden. Wie viele Geldnöte waren im Jahr 1932 zu durchstehen. Es war die Zeit der Weltwirtschaftskrise.

Da zeigte sich die Macht des Gebets. Wunder geschahen, und die junge Schwesternschaft konnte nur staunen, wie gut es ihr Herr mit ihr meinte. Es gab aber auch innere Krisen, wenn nahestehende Freunde rieten, das Werk doch wieder aufzugeben. Doch der schwerste Schlag traf wohl das Mutterhaus, als ihre Oberin schwer erkrankte. Ein Augenleiden hatte sie befallen, und auch das Herz war sehr in Mitleidenschaft gezogen, so daß es zu versagen schien. Die Schwestern standen aber wie ein Mann zusammen und beteten. Sie vertrauten auf ihren Herrn. Nach einer schweren Nacht sangen sie am Morgen unter dem Fenster von Mutter Christa das neugedichtete Lied:

„Herr, wie soll ich dir vergelten
all dein Wohltun, deine Treu?
Wundertaten sind geschehen
täglich, stündlich, immer neu.
Ließest mich dein Herz erkennen,
aus dem ewge Liebe fließt,
darf dich meinen Gott ja nennen,
nie mein Herze dies vergißt.

Herrlich bist du, Herr, den Deinen,
voll Erbarmen allezeit,
bist den Schwachen und den Kleinen
stets zu treuer Hilf bereit.
und voll Heil, ich rühm es heute:
Nie brauch ich bedrückt zu sein!
Nein, stets neue, heilige Freude
strömt von dir ins Herz hinein.

Schützen wirst du den in Gnaden,
der dir unbeirrt vertraut.
Nichts kann meiner Seele schaden,
wenn mein Auge auf dich schaut.
O die Ruhe meiner Seele,
niemals muß sie sein getrübt,
daß an Gutem mir nichts fehle,
sorgest du, der so mich liebt.

Kann ich dir wohl je vergelten,
was du, Herr, an mir getan?
Rühmen will ich deinen Namen,
dich im Staube beten an.
Und mein kleines, kurzes Leben,
es ist dir, o Herr, geweiht,
bald wirst du empor mich heben
in die ewge Herrlichkeit!"

Wunderbar hat Mutter Christa immer wieder die Durchhilfe ihres Gottes erlebt.

Sie wurde von ihrem Schöpfer auch mit reichen Gaben ausgestattet. Ihre sprachliche Begabung hat sie gerne in den Dienst Jesu gestellt. Viele Traktate stammen aus ihrer Feder. Es entstand eine große Blättermission, und das gedruckte Wort diente dazu, Menschen zum Heil in Christus zu rufen. Auf Volksfesten, Jahrmärkten, in Bussen und Bahnen wurden die Traktate verteilt.

Mutter Christa ermutigte auch ihre Bibelstundenbesucher, christliche Schriften mitzunehmen und sie zu verteilen. Ja, manchmal drückte sie einem Bruder oder einer Schwester einen ganzen Packen in den Arm mit der Bitte, diese Blätter unter die Leute zu bringen. Das Wort diente ihr als Verheißung: „Wirf dein Brot aufs Wasser, und nach vielen Tagen wirst du es wiederfinden."

Die Arbeit der Aidlinger Schwesternschaft vergrößerte sich zunehmend, aber auch die bedrohlichen Schatten wurden immer länger. Das Augenlicht von Mutter Christa nahm stetig ab, und ihr Leiden verschlimmerte sich. Sie sagte selbst: „Es ist wie eine graue Wand vor meinen Augen. Ich möchte sie wegschieben. Der Herr wird es tun in der Herrlichkeit."

Bis zu ihrem Heimgang am 2. Januar 1955, also 17 Jahre, war Christa von Viebahn blind und hat doch dieses so gesegnete Werk als Oberin führen dürfen.

Selbst während des Krieges erlebten die Schwestern, mitten in der Verfolgung, die Bewahrung ihres Herrn. Als die Bombenangriffe 1942 einsetzten, war ihr Leben oft in Gefahr. In der Nacht vom 24. auf den 25. Juli 1944 wurde Stuttgart durch die Bombardierung zu einer einzigen Ruine. Auch das Haus der Schwestern wurde von Brandbomben getroffen. Als Mutter Christa gefragt wurde, wie sie diesen Verlust ertragen würde, antwortete sie: „Ich kann nicht anders, als Gott zu vertrauen. Er nimmt mir das Gute, um mir das Allerbeste zu geben." Welch eine hohe geistliche Reife spricht aus diesen schlichten Worten!

1948 konnte der Aufbau des zerstörten Hauses in Stuttgart wieder beginnen.

Nach dem Krieg entstand eine Haushaltungsschule; Krankenhäuser wurden von Schwestern besetzt, Freizeitheime eröffnet, und die Mission weitete sich aus.

Das Werk wuchs und dehnte sich aus, aber für Mutter Christa begann eine steile Wegstecke. Mit Glaubensmut und großer innerer Stärke trug sie ihre Leiden. Nach einer Kur in Hirsau ging es ihr ein wenig besser, aber sie erklärte trotz des Kurerfolgs: „Nie mehr gehe ich in eine Kur. Mein Sanatorium ist im Himmel; ich bin zur Arbeit geboren."

Gegen Ende ihres Lebens sagte sie einmal: „Herr, du weißt, daß meine Zeit dir gehört und daß ich sehr fleißig sein muß, und jetzt pressiert es."

Immer noch arbeitete sie an der Zusammenstellung des Bibellesezettels. Als Schwester Berta, ihre engste Mitarbeiterin, sie einmal fragte: „Hast du Schmerzen?", antwortete sie: „Ja, aber der Herr Jesus weiß es. Der Herr, der sie mir gegeben hat, gibt mir auch die Kraft zum Tragen ... Es gibt gewiß Dinge, die noch schwerer zu tragen sind."

Ihr köstlicher Humor hat ihr sicher über manche Unannehmlichkeiten hinweggeholfen. Einmal hatte der Arzt ihr statt Sprudel Heidelbeertee verordnet. Als sie von Schwester Berta gefragt wurde, wie er denn schmecke, antwortete sie: „Da muß man schon den Geschmack einer jungen Kuh haben, wenn der einem schmecken soll!"

Als die schlimmen Schmerzen trotz des Betens nicht nachlassen wollten, sagte Mutter Christa: „Dann will der Herr, daß ich die Schmerzen erdulde. So und jetzt beschäftigen wir uns mit Höherem!"

In dieser Zeit entstand ein bedeutungsvolles Lied:

„Herr, deine Wege sind nur Herrlichkeit!
Verdunkelt uns auch oft die Zeit
den Blick, scheint lang uns manche Nacht –
du hast uns dennoch stets ans Licht gebracht,
und siegend über alle Dunkelheit
erstrahlte leuchtend deine Herrlichkeit.

Herr, deine Wege sind nur Herrlichkeit!
Geht's auch durch manchen heißen Streit,
erhebst du über uns nur dein Panier,
so schreiten froh von Sieg zu Siege wir
und bleiben dir im Glaubenskampf geweiht –
denn du allein bist unsre Herrlichkeit.

Herr, deine Wege sind nur Herrlichkeit!
Wie du uns führst – wir sind bereit,
wenn du uns rufst, zu jedem neuen Schritt.
Wir folgen dir, du gehst ja selber mit.
Vor unsren Augen dehnt sich weit, so weit,
wie du verheißen hast: Nur Herrlichkeit!

Herr, deine Wege sind nur Herrlichkeit!
Kein Schritt hat je uns hier gereut!
Und ist das Morgen uns auch noch verhüllt,
so wissen wir, daß sich dein Wort erfüllt
und wir noch preisend in der Ewigkeit
gedenken deiner Wege Herrlichkeit!"

Mutter Christa war eine treue Beterin. In ihrem Reden mit Gott stand die Anbetung an erster Stelle. So konnte sie sagen: „Der Heilige Geist muß an uns arbeiten, daß wir unser Ziel erreichen. Der Herr hat uns noch viel Herrliches zu zeigen."

Viel Hilfe erfuhr Mutter Christa durch ihre Ärzte, die, wenn es nötig war, Tag und Nacht nach ihr schauten. Dr. Römer sagte einmal: „Nicht wahr, Frau Oberin, wir machen es nicht so dramatisch." Auch sie sahen das Wunder, das Gott immer wieder an ihr tat.

Ich zitiere aus ihrer Biographie: „Als Dr. Mundle nach einem Eingriff Sorge hatte, ob die Wunde bei so schlechten Blutwerten heilen würde, konnte ihm Dr. Römer antworten: ‚Bei Frau Oberin sind schon so viele Wunder geschehen.

Hier merken wir doch immer wieder, daß wir Ärzte nichts können und daß Gott Wunder tut. Sicher wird es auch diesmal gutgehen.'

Aber die Krankheit brach immer wieder durch, und es zeigte sich, daß Gott sein Kind wohl heimholen würde. Gerade in ihrer Schwäche wurde deutlich, wie hingegeben an Gott sie lebte.

Am 2. Januar 1955 schloß Mutter Christa für immer ihre blinden Augen, um sie in der Herrlichkeit aufzutun, wo wir Jesus „sehen werden, wie er ist".

Schwester Berta schreibt von dieser Stunde ihres Heimgangs: „Ein überirdisches Leuchten und Staunen brach auf dem so schmal gewordenen Gesicht durch, und ihre Seele war beim Herrn! –

Als sie vor Jahren einmal mit mir tröstend über diesen Augenblick sprach, schrieb ich mir ihre Worte in mein Tagebuch: ‚Wie schön, daß wir schon jetzt das ewige Leben haben! Es ist gar nichts so Besonderes, der Schritt hinüber. Es ist dieselbe Welt, in der wir jetzt schon leben- die Welt Gottes.'"

Über der Todesanzeige stand das Wort: „Mit welch unaussprechlich herrlicher Freude werdet ihr aber jubeln, wenn ihr Jesus seht und damit das Ziel eures Glaubens erreicht haben werdet!"

Ein reich gesegnetes Leben war vollendet, und Gott hatte es in seine Herrlichkeit aufgenommen.

Charles Haddon Spurgeon,
seine Kindheit, seine Bekehrung und sein Dienstauftrag

Als ich mein Abitur bestanden hatte, schenkte mir eine mütterliche Freundin ein kleines, blaues Büchlein: „Kleinode göttlicher Verheißungen von Charles Haddon Spurgeon. Das war meine erste Begegnung mit diesem gesegneten Evangelisten und Verkündiger. Jeden Tag las ich eine Verheißung und freute mich über die Zusagen meines Herrn. So wurde das erste Jahr meines Studiums durch diesen begnadeten Erweckungsprediger mit geprägt.

Ich habe viel Stärkung und Glaubensmut durch diese täglichen Schriftauslegungen erfahren.

Ich will Ihnen das Lebensbild dieses außergewöhnlichen Mannes vor Augen stellen. Er war ein Mensch mit herausragenden Fähigkeiten, der mit einer Intensität und Hingabe die Sache Gottes zu seiner eigenen machte, so daß wir nur staunen können. Er wird im Volksmund der Fürst unter den Predigern genannt.

Charles Haddon Spurgeon wurde am 9. Juni 1834 in Kelvedon, einer kleinen Ortschaft in der Grafschaft Essex, geboren und wuchs bei seinen Großeltern auf. Später siedelte er zu seinen Eltern nach Colchester über, wo er mit zwei Schwestern und einem Bruder eine schöne Kindheit verlebte.

Aber auch die Zeit im Pfarrhaus von Stambourne, wo sein Großvater wirkte, bedeutete für den Jungen Freude und Geborgenheit.

Es war ein vornehmes Haus mit acht Fenstern an der Vorderfront. Aber davon waren ungefähr vier zugemauert und schwarz angestrichen. Weiße Linien auf schwarzem Untergrund deuteten die Fensterrahmen und Scheiben an. In der damaligen Zeit wurde nämlich eine Steuer für alle Luxusartikel erhoben, und scheinbar hielt man das Licht, was auf lateinisch „lux" heißt, auch für einen Luxus. Da das Gehalt eines Predigers gering war und tüchtig gespart werden mußte, wurde ein Zimmer nach dem andern der Dunkelheit übergeben, indem man die Fenster zumauerte. So brauchte man weniger Steuern zu bezahlen.

Welch einen verworrenen Verstand muß jener Mensch gehabt haben, der auf den absurden Gedanken verfiel, das Licht der Sonne zu versteuern.

Ich lasse Spurgeon nun selbst zu Wort kommen:

„Ich erinnere mich noch gut, daß auf dem Kaminsims der Großmutter eine Flasche lag, in der ein ausgewachsener Apfel steckte. Für mich war das ein großes Wunder. Ich fragte mich zu Recht: Wie kommt der Apfel in eine so kleine Flasche, da weder der Flaschenboden noch der Hals abzuschrauben waren? Ich wußte keine Lösung. Das war mir ein Rätsel.

Eines Tages, es war im nächsten Sommer, sah ich durch Zufall unter einem Ast ein anderes Fläschchen hängen. In dieser Flasche wuchs ein kleiner Apfel, der durch den Flaschenhals gesteckt worden war, als er noch hindurch paßte. Mein Geheimnis war gelüftet. Diese Entdeckung meiner Kindheit diente mir später als Illustration: Laßt uns den Apfel in die Flasche bekommen, solange er noch klein ist. Anders ausgedrückt: Laßt uns die Kinder in Gottes Haus, die Sonntagsschule oder den Gottesdienst bringen in der Hoffnung, daß sie den Ort später lieben, an dem sie in früher Kindheit Gottes Ehre kennengelernt haben, auf daß sie dort Christus, ihren Heiland, finden. Langweilige und öde Sonntage säen hingegen in die jungen Gemüter nur Vorurteile gegen die Religion.

Eine besondere Liebe hegte ich für meine Großmutter. Sie stand oft in der Kammer, in der der Ofen, die Mangel und der Backtrog untergebracht waren. Wie oft ging ich zu

diesem Backtrog hin. Er hatte an der Seite eine kleine Aus-
buchtung, in die immer etwas für das Kind gelegt wurde:
ein Stück Teig. Je nach Größe nannte ich es Schwein oder
Hase. Diese Figuren hatten kleine Ohren und zwei Korin-
then als Augen. Sorgfältig lagen sie in diesem Schrein wie
einst das Manna in der Bundeslade. Liebe Großmutter, was
hast du alles getan, um dieses Kind zu verziehen! Wie wert-
voll ist mir die Erinnerung an dich! Ob du wohl jetzt vom
Himmel auf deinen verhätschelten Enkel herabschaust?
Denkst du etwa, es wäre besser gewesen, wenn du hart und
unerbittlich gewesen wärest? Ich meine nicht.

Ein Zimmer im Haus war mir besonders heimelig. Vom
Schlafzimmer konnte man in diese Kammer gelangen, die
wegen der Fenstersteuer zu einer finsteren Höhle gewor-
den war. Aber sie enthielt viele Bücher, und so wurde diese
Höhle für mich zur Goldmine. Hier wurde ich zum ersten
Mal mit den Märtyrern des Reiches Gottes und mit
Bunyans ,Pilgerreise zur selgen Ewigkeit' vertraut. Selbst
bei verrammelten Fenstern schien das Licht des Evangeli-
ums, und die ewigen Wahrheiten leuchteten in meinem
Leben auf wie die Sonne."

Soweit ein kurzer Auszug aus seiner Biographie.

Schon als kleiner Junge wurde Spurgeon zum Missionar. In der Gemeinde seines Großvaters gab es einen Mann,
der gerne im Gasthaus saß und Bier trank, sehr zum Ver-
druß des Pastors, der oft einen schweren Seufzer ausstieß.
Der kleine Charles hatte bemerkt, wie traurig der Großvater über sein verlorenes Schäfchen in der Gemeinde war,
und erklärte plötzlich:

„Ich werde den alten Roads töten. Jawohl, das werde
ich tun."

„Sachte, sachte, mein Junge", sagte der alte Herr, „so
darfst du nicht reden, sonst wirst du von den Polizisten ein-
gesperrt, weil du etwas Böses tust."

„Ich werde nichts Böses tun, Großvater, aber ich werde
ihn trotzdem töten."

Der Großvater war zwar über seinen Enkel erstaunt,

aber da er wußte, daß das Kind nichts Unrechtes tun würde, ließ er die Sache auf sich beruhen.

Kurz danach wurde das Gespräch mit dem Enkel wieder lebendig, als dieser kam und sagte:

„Ich habe den alten Roads getötet, er wird meinen lieben Opi nie mehr betrüben."

„Mein liebes Kind, was hast du getan? Wo warst du?"

„Ich habe das Werk des Herrn getan, sonst nichts", gab der kleine Charles zur Antwort. Weiter war aus dem kleinen Kerl nichts herauszubekommen.

Aber schon bald wurde das Geheimnis geklärt. Der alte Roads kam und erzählte mit niedergeschlagenen Augen und offensichtlicher Trauer seinem Pastor folgendes:

„Ich bin sehr traurig, lieber Herr Pastor, ich habe Ihnen viel Kummer und Schwierigkeiten gemacht. Es war falsch, ich weiß. Ich saß gerade in der Gastwirtschaft und rauchte meine Pfeife, vor mit stand ein Krug Bier, da kam ein Kind herein. Der Junge zeigte mit dem Finger auf mich und sagte: ‚Was tust du hier, Elia? Du sitzt bei den Gottlosen und brichst dem Pastor das Herz. Ich schäme mich für dich. Als Gemeindeglied würde ich nicht das Herz des Pastors brechen.' Dann ging der Junge wieder weg. Sicher, ich war erst sehr ärgerlich, aber ich wußte, daß ich schuldig bin. So legte ich meine Pfeife hin, rührte mein Bier nicht mehr an, suchte mir einen einsamen Ort, betete dort zu dem Herrn, bekannte meine Sünden und bat um Vergebung. Ich weiß und glaube, daß mir der Herr in seiner Gnade vergeben hat. Und nun komme ich zu Ihnen, um auch Ihre Vergebung zu erbitten. Ich will Sie nie wieder betrüben, Herr Pastor."

Diese Bekehrung war aufrichtig. Bis zu seinem Lebensende vertraute sich Roads dem Herrn an. Als seine Todesstunde nahte und der Pfarrer ihm aus der Bibel etwas vorlesen und mit ihm beten wollte, sagte der alte Roads:

„Ich konnte nie ein Wort aus der Bibel selbst lesen, ich war Analphabet, aber ihre Seiten habe ich alle gezählt."

In diesem Ausspruch zeigte sich die Liebe dieses Mannes zu Gott und zu seinem Wort.

Spurgeon erzählt:

„Einmal lernte ich eine Lektion, die für mich als Prediger des Evangeliums sehr wichtig war. Man hatte mich mit einer Tasche zum Einkaufen geschickt. Ein Pfund Tee, ein Viertelpfund Senf und drei Pfund Reis waren gekauft, als ich auf dem Nachhauseweg ein Rudel Hunde sah, denen ich über Hecken und Gräben folgte. Als ich schließlich zu Hause ankam, stellte ich fest, daß sich alles in meiner Tasche — Senf, Reis, Tee — zu einer undefinierbaren Masse vermischt hatte. Damals habe ich begriffen, daß ich meine Themen gut verpacken muß, eingebunden in den Faden meiner Rede. Deshalb gehe ich nach erstens, zweitens, drittens vor, so unmodern diese Methode auch sein mag. Menschen mögen kein Senf-Reis-Tee-Gemisch, und deshalb mögen sie auch keine Wirrwarr-Predigten."

Später mußte Charles seinen Großvater verlassen. Das war *die* große Trauer seines Lebens. Auch der Großvater schien sehr traurig zu sein, und beide weinten, als die Trennung nahte.

„Nun, mein Kind", sagte der Großvater beim Abschied, „heute nacht, wenn der Mond über Colchester scheint, dann vergiß nicht, daß es der gleiche Mond ist, den dein Großvater von Stambourne aus sieht." Noch viele Jahre sah der kleine Charles zum Himmel hinauf und dachte, daß sich dort auf dem Mond irgendwie die Augen seines Großvaters und die seinen begegnen müßten.

Spurgeons Kindheit war nicht öde oder einsam. Er wuchs mit seinen Geschwistern in froher Runde auf. Er war auch sehr stolz auf seine Familie. Selbstbewußt konnte er sagen: „Unsere Vorväter waren zwar arme Weber, aber ich will lieber von jemandem abstammen, der für den Glauben litt, als das Blut aller Könige in meinen Adern zu haben."

Eines Tages kam Richard Knill, ein gläubiger Mann, der für die Londoner Missionsgesellschaft reiste, zu Besuch. Er hatte ein brennendes Herz, um zu Christus zu führen.

„Wo schläfst du?" fragte er den kleinen Charles, „ich möchte dich nämlich morgen früh rufen."

Charles zeigte ihm sein kleines Zimmer. Um sechs Uhr kam Mr. Knill und weckte ihn. Gemeinsam gingen sie in den Garten hinunter in einen Laubengang hinein, und dort erzählte Mr. Knill ihm, in feiner, anschaulicher Weise von der Liebe Jesu und wie wichtig es sei, ihm zu vertrauen. Mit manchen Beispielgeschichten verkündigte er dem Kind das Evangelium, und dann betete er, daß doch der kleine Charles Jesus kennenlernen und ihm dienen möge. In dem Laubengang, in dem sie sich befanden, kniete er mit dem Jungen nieder und hatte dabei seine Hand um die Schulter des Knaben gelegt. Er wartete so lange, bis der Junge auch betete. Das wiederholte er an den drei darauffolgenden Tagen.

Dann beim Morgengebet, als die ganze Familie versammelt war, nahm Mr. Knill den Jungen auf seine Knie und sagte: „Dieses Kind wird eines Tages das Evangelium predigen, und es wird es predigen vor vielen Menschen."

Er sagte dies sehr feierlich und rief alle Anwesenden als Zeugen auf für das, was er gesagt hatte. Dann gab er Charles ein kleines Geldstück als Lohn, wenn er das Lied lernen würde:

„Wie handelt Gott geheimnisvoll,
um Wunder zu vollbringen."

Charles versprach, daß er dieses Lied singen lassen würde, wenn er einmal in der großen Kapelle in Rowland Hill predigen würde. Damals war er noch ein Kind, als er das sagte.

Die Jahre gingen dahin. Spurgeon hatte schon in London gepredigt, da wurde er gebeten, für einen erkrankten Pfarrer einzuspringen. Er sagte zu unter der Bedingung, daß er mit den Kindern in der Kapelle in Rowland Hill das Lied singen dürfe:

„Wie handelt Gott geheimnisvoll,
um Wunder zu vollbringen."

Spurgeon war tief bewegt dabei und konnte seine Gefühle und seine innere Erregung kaum verbergen. Das Wort von damals war in Erfüllung gegangen. Mr. Knills prophetische Schau war Realität geworden.

Wollte Gott, wir wären auch so voller Zuversicht und Vertrauen und erbäten uns vom Herrn solche Glaubensziele.

Nach über vierzig Jahren saß Spurgeon noch einmal in jenem Laubengang. Er dachte zurück an Mr. Knills Gebet für ihn, wie er niedergekniet, seinen Arm um den Jungen gelegt und für ihn zu Gott gerufen hatte, er möge doch ein brauchbares Werkzeug aus diesem Kind machen und es in seinen Dienst berufen. Als Spurgeon an diesem Tag vom Pfarrer mit seinen Kindern und Enkelkindern Besuch bekam, wurde er von dem unwiderstehlichen Drang erfüllt, für diese jungen Kinder zu beten und sie zu segnen.

Zu Spurgeons Kindheitserlebnissen gehörte auch seine erste Geldschuld. Dieses Ereignis hatte sich ihm tief eingeprägt, und er erzählt folgendes:

„Als kleiner Junge besuchte ich eine Mädchenschule. Eines Tages brauchte ich einen neuen Griffel, hatte aber kein Geld bei mir. Ich war wirklich ein unachtsamer Kerl und hatte Angst, zu Hause getadelt zu werden, weil ich meinen Griffel so oft verlor.

Was sollte ich nun tun? In unserem Ort gab es ein kleines Geschäft, wo die alte Frau Pearson Nüsse, Kreisel, Kuchen und Bälle verkaufte, und ich hatte schon des öfteren gesehen, wie Jungen und Mädchen dort anschreiben ließen. Ich dachte daran, daß ja bald Weihnachten wäre. Sicher schenkte mir dann jemand einen Penny oder vielleicht ein Sixpencestück. Also wollte ich den Griffel auf Pump kaufen und das Geld nach Weihnachten zurückzahlen. Dies fiel mir nicht leicht, aber ich nahm allen Mut zusammen und ging in den Laden. Der Griffel kostete einen Heller. Ich erhielt ihn. Frau Pearson gewährte mir Kredit, da ich bisher noch nie Schulden gemacht hatte. Plötzlich war ich verschuldet, und ich hatte das dumpfe Gefühl, etwas falsch gemacht zu haben. Aber noch hatte ich keine Ahnung, wie bald ich dafür büßen sollte.

Wie mein Vater von diesem Geschäft seines Sohnes erfahren hatte, weiß ich nicht. Irgend jemand muß mich wohl verpetzt haben. Jedenfalls nahm er sich meiner mit aller Ernsthaftigkeit an. Gott möge ihn dafür segnen. Er war ein sehr feinfühliger Mann. Er wollte nicht, daß seine Kinder Spekulanten würden. Deshalb trieb er mir das Schuldenmachen gründlich und mit einem Schlag aus. Es war eine kräftige Lektion über das Schuldenmachen, wie sehr es dem Stehlen ähneln würde, wie die Menschen dadurch zugrunde gerichtet würden, wie ein Junge, der heute einen Heller Schulden hat, eines Tages gut und gerne hundert Pfund Schulden haben kann und ins Gefängnis muß, und wie er damit seiner ganzen Familie Schande bringe. Ich kann diese kräftige Lektion heute noch in meinen Ohren hören und spüre, wenn ich daran denke, noch immer die Tränen über meine Wangen laufen. Dann wurde ich in das Geschäft geschickt, ähnlich einem Verräter, der ins Gefängnis geht. Den ganzen Weg über weinte ich und schämte mich fürchterlich. Der Heller wurde bezahlt. Dann wurde der arme Schuldner freigelassen, wie man einen Vogel aus einem Käfig heraus freiläßt. Wie schön war es, frei von Schulden zu sein.

Ich habe diese Lektion nie mehr vergessen. Gott segne meinen Vater und bewahre uns davor in Niederträchtigkeit unterzugehen, denn durch Schuldenmachen verfault die Nation wie Zunderholz. Seit jenem Erlebnis hasse ich das Schuldenmachen."

Schon der junge Spurgeon war äußerst gelehrig und sehr begabt. Er besuchte mit seinem Bruder verschiedene Schulen und war auch zeitweise in einem Internat untergebracht. Latein und Mathematik waren seine Lieblingsfächer. Er liebte Bücher über alles, und er war immer unter den Klassenbesten zu finden. Nur einmal versagte er. Der Lehrer konnte sich die schlechten Noten nicht erklären, bis er dahinterkam, daß die vorderen Plätze im Klassenraum sehr zugig waren und der junge Spurgeon fror. Deshalb verweigerte der Schüler die Leistung, weil er lieber hinten in der Nähe des Ofens sitzen wollte. Der Lehrer drehte daraufhin die Sitzordnung um, die Schlechtesten saßen vorne und die Guten hinten. Bald war Spurgeon wieder Klassenbester, und zudem kam er noch in den Genuß einer molligen Wärme.

Den ersten Unterricht in Theologie bekam Spurgeon von einer Köchin. Sie war in göttlichen Dingen sehr erfahren. Von ihr hat er mehr gelernt als sechs Doktoren der Theologie ihm hätten beibringen können. Der Prediger des Ortes war nicht herausragend in seiner Verkündigung. Ihm fehlte der lebendige Bezug zum Evangelium. So fragte Spurgeon die Köchin: „Warum gehst du noch in die Kirche?" „Weil es in unserem Dorf keine andere Möglichkeit gibt, wo ich zum Gottesdienst gehen könnte."

„Aber ist es nicht besser, zu Hause zu bleiben als sich einen solchen Unsinn anhören zu müssen?" bohrte Spurgeon weiter.

„Vielleicht", antwortete sie ihm, „aber ich gehe in den Gottesdienst, auch wenn ich dort nichts bekomme. Du siehst oft Hühner auf einem Abfallhaufen scharren, um ein Korn zu finden. Sie finden zwar keins, aber durch das Scharren bleiben sie in der Übung und halten sich fit. Außerdem wird ihnen vom Scharren warm."

So macht ihm die alte Köchin klar, daß das Kratzen und Scharren in den armseligen Predigten ihre geistlichen Fähigkeiten und ihren Verstand trainierten.

Ein andermal sagte er zu ihr, daß er in der ganzen Predigt nicht einen guten Gedanken gefunden habe, und fragte sie, wie es denn ihr ergangen sei.

„O, mir ging es heute besser," meinte sie, „denn alles, was der Prediger sagte, habe ich einfach ins Gegenteil verkehrt, und so wurde sein Gerede zum wirklichen Evangelium."

Spurgeon erlebte in seiner Kindheit tiefe, religiöse Eindrücke. Er wurde z. B. wie der kleine Samuel mit den Lampen des Heiligtums zu Bett gebracht und mit geistlichen Morgenliedern geweckt. Oft haben seine Eltern segnend ihre Hände auf ihr Kind gelegt und für es gebetet. So ruhte Christus mit seinem Segen auf dem Kind, und das kräftige Amen der Mutter war ihm immer in den Ohren. Das erste Lied, das er lernte, handelte von Jesus dem Kinderfreund, und das erste Buch, das er las, führte ihn in die biblischen Geschichten ein. Wie oft hörte er, daß Jesus in seinem Herzen wohnen wollte, damit er in den Himmel käme. Welch ein Vorrecht war es für den jungen Spurgeon, gläubige Eltern und Großeltern zu haben. Sie lehrten ihn den Weg Gottes und bewahrten ihn vor schlechten Einflüssen. Und doch schob er seine Entscheidung, in die Nachfolge Christi zu treten, Monat für Monat, und Jahr für Jahr hinaus. Er schreibt dazu in seiner Biographie:

„O meine Seele, heute könnte ich dich dafür ohrfeigen. Wahrlich, ich könnte mein eigenes Herz heute schlagen, wenn ich daran denke, wie Wochen und Monate an mir vorübergingen, in denen ich mein Gesicht vor Christus verborgen und meinen lieben Herrn, dessen Herz für mich geblutet hat, abgelehnt habe. Ich erinnere mich noch, wie Mutter einmal betete:

‚Nun, Herr, wenn meine Kinder in ihren Sünden weitermachen, dann werden sie nicht aus Unkenntnis daran zugrunde gehen, und meine Seele muß ein klares Zeugnis gegen sie am Tage des Gerichts abgeben, wenn sie Christus nicht annehmen.

O Herr, daß mein Sohn doch vor dir leben möchte!' "

Spurgeons Vater machte sich oft große Vorwürfe, daß er sich zu wenig um seine Kinder kümmere, da ihn der Predigtdienst zu sehr in Anspruch nehme. Einmal befiel ihn eine solch große Furcht, daß er wieder von seiner Reise umkehrte. Er fand aber niemanden in den unteren Räumen des Hauses. Oben hörte er, wie seine Frau für die Errettung ihrer Kinder flehte und besonders an Charles, ihren erstgeborenen Sohn, dachte. Er war ausgesprochen eigenwillig und manchmal sogar starrsinnig. Als der Vater das Gebet

bückte mich in traurigem Entsetzen nieder und schaute ihn an. Ich sah, daß seine Hände mit großen, eisernen Nägeln durchbohrt worden waren, auch seine Füße. Auf seinem toten Antlitz stand das Elend, so schrecklich, daß ich kaum wagte, ihn anzuschauen. Sein Körper war ausgemergelt, sein Rücken rot von blutigen Striemen, sein Haupt hatte rundherum Wunden, die Dornenkrone hatte sich tief eingedrückt. Ich erschauderte, denn ich begriff, ich war mitschuldig, daß Jesus an das Fluchholz gebracht worden war.

So machte ich mich auf die Suche nach dem Evangelium, und es war das gepredigte Wort, das mich rettete.

Vielleicht würde ich heute noch in Dunkelheit und Verzweiflung leben, hätte Gott in seiner Güte damals nicht einen Schneesturm gesandt, der mich auf dem Weg zum Sonntagsgottesdienst überraschte. Ich suchte in einer Kapelle der Methodisten Zuflucht. Darin saßen ungefähr 15-20 Menschen. Ich hatte von den Methodisten gehört, sie würden so laut singen, daß man Kopfschmerzen davon bekäme. Aber das störte mich nicht. Ich wollte wissen, wie ich gerettet werden könnte, und wenn sie mir das sagen konnten, dann waren mir die Kopfschmerzen egal. An diesem Morgen kam der Prediger nicht. Vermutlich war er eingeschneit. Schließlich stand ein sehr schmaler Mann auf und ging nach vorn auf die Kanzel, um zu predigen. Dieser Mann war sehr schlicht und einfältig.

Er mußte bei seinem Text bleiben, der hieß: ‚Schaut auf mich, und ihr werdet gerettet werden, all ihr Enden der Erde.'

Und er predigte:

'Meine lieben Freunde!

Dies ist in der Tat ein sehr einfacher Text. Er sagt: Schaut! Nun ist Schauen nicht allzu schmerzhaft und anstrengend. Du mußt nicht einmal deinen Finger oder deinen Fuß dafür heben. Nur schauen! Nun, ein Mensch muß nicht zur Universität gehen, um sehen zu lernen. Du kannst der größte Trottel sein, und trotzdem kannst du sehen. Ein Mensch muß nicht Tausende im Jahr verdienen, um sehen zu können. Jeder kann sehen, sogar ein Kind kann sehen. Aber dann sagt der Text: Schaut auf mich! Nun, viele von euch schauen auf sich selbst, aber das hat keinen Sinn. Ihr findet keinen Trost in euch selbst. Ich sage euch: Schaut auf Christus! Jesus sagte: Schaut auf mich! Schaut auf mich, ich hänge am Kreuz! Schaut auf mich, ich bin tot und begraben worden! Schaut auf mich, ich bin wieder auferstanden! Schaut auf mich, ich bin gen Himmel gefahren! O Sünder, schau auf mich! Schau auf mich!'

Zehn Minuten predigte er auf diese Weise. Dann sah er mich auf der Galerie sitzen. Er richtete seine Augen auf mich, als würde er mein ganzes Herz kennen. Dann sagte er: ,Junger Mann, Sie werden immer elend sein, elend im Leben und elend im Tode, wenn Sie diesem Vers nicht gehorchen. Aber wenn Sie jetzt, in diesem Augenblick gehorsam werden, dann werden Sie gerettet.'

Dann rief er mit aufgehobenen Händen: ,Junger Mann, schau auf Jesus Christus! Du mußt nichts tun, als nur zu schauen. Dann wirst du leben.'

Plötzlich erkannte ich den Weg der Erlösung. Ich hatte erwartet, fünfzig Dinge tun zu müssen, aber als ich dieses Wort hörte: Schau!, da kam es mir vor wie das schönste Wort der Welt. Ach, ich hätte mir die Augen aus dem Kopf schauen können. Die Dunkelheit wich, der Schleier fiel mir von den Augen, ich sah die Sonne. Meine Ohren haben gehört, und mein Herz hat erlebt, Christus ist der eingeborene Sohn des Vaters. Er ist Gott, denn er tat für mich, was nur Gott tun kann. Er unterwarf sich meinen störrischen Willen, er schmolz mein steinernes Herz, er brach die stählernen Ketten, er öffnete die Gefängnistore und eisernen Riegel, er hat mein Weinen in Lachen verwandelt und meine Verzweiflung in Freude. Er hat meine Gefangenschaft beendet und erfüllt mein Herz mit unbändiger Freude. Gesegnet sei sein heiliger Name!

Ich war fünfzehn Jahre alt und wußte: Mein Geliebter ist mein."

Für Spurgeon begann mit der Stunde seiner Bekehrung

der Einsatz für Gott. Er schreibt: „Ich kann nicht vergessen, wie ich eines Tages an das Bett eines Jungen aus meiner Sonntagsschulklasse trat. Mit seinen kaum siebzehn Jahren war er schon Alkoholiker. Er hatte sich fast zu Tode getrunken. Ich sah ihn und versuchte, ihm vom Heiland zu sagen, und hörte dabei das Todesröcheln in seiner Kehle. Als ich die Treppe wieder hinunterstieg, hielt ich die Menschen für Narren, die zu allem fähig sind, nur nicht dazu, sich aufs Sterben vorzubereiten. Ich sah unterwegs die Droschkenfahrer, die Geschäftsleute, die Verkäufer und dachte: Welche Narren! Sie rackern sich ab, ohne sich auch nur mit einem Gedanken mit dem zu beschäftigen, was sie einmal in der Ewigkeit tun werden. Und am närrischsten fände ich mich selbst, wenn ich nicht sterbende Sünder auf den lebendigen Christus hinweisen und sie einladen würde, auf sein kostbares Blut zu vertrauen.“

Seine erste Predigt hielt Spurgeon in einem strohgedeckten Landhaus, wo sich einige Bauern und einige Frauen versammelten. Er erinnert sich daran:

„Wir sangen, beteten und lasen die Heilige Schrift: ‚Für euch aber, die ihr glaubt, ist Christus köstlich.‘ Ich hatte große Angst, aber brachte doch noch alles zu einem guten Ende. Gegen Schluß fragte mich eine ältere Frau: ‚Gott segne dich, lieber Junge. Wie alt bist du?‘ Ich gab zur Antwort: ‚Unter sechzig.‘ ‚Jawohl, und auch unter sechzehn‘, war die Erwiderung der alten Dame.

Ich war von Gott zum Dienst berufen worden, ich mußte predigen. Das Wort brannte wie Feuer in meinen Knochen. Freunde haben mir abgeraten, Gegner haben mich kritisiert, Spötter haben mich verächtlich gemacht, aber ich hatte den Ruf des Himmels gehört und *mußte predigen*. Gottes Wort war wie ein Feuer, das in mir brannte.

Bist du schon einmal durch ein Dorf gegangen, das für seine Trunksucht und Gottlosigkeit bekannt ist? Hast du schon einmal arme, unglückliche Menschen gesehen, wie sie gegen die Pfosten der Kneipe gelehnt standen und durch die Straßen torkelten? Hast du schon einmal in die Häuser dieser Menschen geschaut und gesehen, was es für Räuber-höhlen sind, bei deren Anblick sich deine Seele sträubt? Hast du schon einmal die Armut, die Erniedrigung und das Elend ihrer Bewohner gesehen und darüber geseufzt?

Ich hatte dieses Vorrecht. Ich kannte einmal ein solches Dorf. Vielleicht war es sogar eines der schlimmsten Dörfer Englands. In dieses Dorf ging ein junger Mann, der keine große Ausbildung hatte, aber der ernstlich die Seelen der Menschen dort suchte. Er begann zu predigen, und es gefiel Gott, diesen ganzen Ort auf den Kopf zu stellen. Innerhalb kurzer Zeit war die kleine, strohgedeckte Kapelle überfüllt. Die größten Taugenichtse des Dorfes fingen an, über sich zu weinen, und jene, die bisher der Fluch der Ortsgemeinde gewesen waren, wurden jetzt für sie zum Segen. Wo es bis-her Raub und Schurkereien gegeben hatte, verschwanden diese, weil die Menschen, die sonst Unheil anrichteten, nun selber ins Haus Gottes kamen und sich freuten, als sie hör-ten, daß Jesus für sie gekreuzigt worden war. Ich übertreibe diese Geschichte nicht, auch spreche ich nicht von etwas, was ich selber nicht so genau kenne, denn ich war es, der die Freude hatte, in diesem Dorf arbeiten zu dürfen."

Spurgeons allererster Dienst bestand darin, daß er Traktate an Menschen, die sich noch nicht bekehrt hatten, verschickte. Er verteilte sie auch, indem er von Haus zu Haus ging und mit den Leuten vom Reich Gottes sprach.

Die Verteilung der Traktate war für ihn ein erster Schritt, Menschen für Christus zu gewinnen, und er konnte vielen den Weg des Glaubens zeigen.

Zwei Beispiele will ich erzählen, wie er durch seine Liebe und Hingabe an Christus ein brauchbares Werkzeug wurde. Er schreibt über seinen Einsatz:

„Hätte jemand zu mir gesagt: Da hat einer 2000 Pfund für Sie hinterlassen, ich hätte dafür nicht einmal mit dem Finger geschnippt, verglichen mit der Freude, die ich fühlte, als ich erfuhr, daß ein Mensch durch meine Verkündigung aus dem Tode zum Leben gerufen wurde.

Es war die Frau eines armen Arbeiters. Sie ging getroffen von der Predigt vor zwei oder drei Sonntagen betrübten Herzens nach Hause und hatte großen Kummer um ihre Seele. Aber dann hat sie Frieden gefunden und wollte mit mir sprechen. So fuhr ich in ihr Dorf zu meinem ersten geistlichen Kind.

Ich sehe noch die Kate vor mir, in der sie wohnte. Ich fühlte mich wie ein kleiner Junge, der sein erstes Taschengeld bekommen hat, oder wie ein Taucher, der eine seltene Perle hochbringt. Ich freue mich über jeden einzelnen, den Gott mir gegeben hat, aber über diese Frau freue ich mich noch immer am meisten. Ich habe viele geistliche Kinder, die aufgrund des gepredigten Wortes von neuem geboren wurden, aber ich denke, diese Frau war die beste von allen. Sie lebte danach nicht mehr lange. Nach ein oder zwei Jahren ging sie heim als erste einer großen Schar, die ihr folgte. Ich erinnere mich, wie sie starb und in den Himmel ging. Sie war für mich eine solche Kostbarkeit. Keine Mutter hätte über ihr Erstgeborenes glücklicher sein können. Ich hätte in den Lobgesang der Maria einstimmen können, denn meine Seele erhob den Herrn, der sich meiner Niedrigkeit erbarmt und mich gewürdigt hatte, etwas zu tun, wofür mich alle Geschlechter preisen würden.

So bewertete und bewerte ich noch heute die Umkehr einer Seele. Ich gehe so weit, zu behaupten, daß die Erettung einer Seele vom Tode das größte Werk auf Erden ist. Ich möchte lieber die ärmste Frau der Welt zu Jesu Füßen bringen als der Erzbischof von Canterbury sein.

Ich erinnere mich an eine ältere Frau, die durch meinen Dienst Frieden mit Gott fand. Was sie über ihr unglückliches Leben ohne Gott erzählte und über die gottlose Erziehung ihrer Kinder, gebe ich hier wieder für alle jene Mütter, die zwar alles tun, um ihren Kindern das Leben zwar zu erleichtern, an das wirkliche Leben jedoch nicht denken:

‚Ach,' sagte sie, 'ich könnte jetzt wohl glücklich sein, wenn mich da nicht eine große Sorge niederdrückte. Ich bin so traurig über meine Kinder. Ich habe acht, und es war harte Arbeit, als Waschfrau und durch andere Dienste morgens, mittags und abends das tägliche Brot zu verdienen. Ich habe sie ernährt und gekleidet, aber ich weiß nicht mehr, wie. Ich habe mich für sie abgerackert. Ihren Körpern hat es an nichts gefehlt, aber ihren Seelen — ich habe an meine nicht gedacht und so dachte ich auch nie an ihre. Zwei von ihnen starben. Ich darf nicht daran denken. Gott hat mir vergeben, aber ich kann meine Sünde gegenüber meinen armen Kindern nicht vergessen. Ich lehrte sie nichts, was ihnen hätte helfen können. Die anderen leben, aber religiös ist keines. Wie könnte das bei meinem Leben auch anders sein!'"

In Waterbeach predigte Spurgeon sehr fleißig und versammelte eine große Zahl von Zuhörern unter seiner Kanzel. Er scheute keine Mühe und setzte sich voller Hingabe ein. Um diesem Dienst besser nachkommen zu können, wurde überlegt, ob er nicht das Baptist College in Stepney besuchen sollte. Er selbst wußte, daß eine gründliche Ausbildung nur dienlich sein könne für sein Predigtamt. Mit seinem Vater, zu dem er in einem innigen Vertrauensverhältnis stand, besprach er diese schwerwiegende Frage. Er war ja ein sehr wißbegieriger Mensch. Sein Bruder berichtet von ihm: „Er tat nie etwas anderes als lernen. Ich hielt Kaninchen, Hühner, Schweine und Pferde — er hielt sich an Bücher. Während ich mich hier und da beschäftigte und alles anpackte, was Jungen so interessiert, kümmerte er sich nur um Bücher, und nichts konnte ihn abhalten, zu lesen und zu lernen. Aber obwohl er sich um kaum etwas anderes kümmerte, wußte er doch alles, denn er las über alles, und sein Gedächtnis war so geräumig wie eine Scheune."

Die Gemeinde hielt ihn vom Studium zurück. Sie ließ nach langen Überlegungen ihren jungen Prediger nicht nach Stepney ziehen, und so zerschlug sich nach hartem Ringen dieser Plan.

Spurgeon schreibt in einem Brief an seinen Vater folgendes: „Der Herr hat mich bei den Leuten beliebt gemacht, und ich bin so jung, daß sie über viele Fehler hinwegsehen. Ich wünsche so sehr, daß Menschen gerettet werden, und es ist mein Trost, daß nach Gottes unwandelbarer Entscheidung eine unwandelbar große Schar zum ewigen Leben bestimmt ist. So werden wir nicht vergebens arbeiten, Einige werden wir gewinnen. Was das Geld angeht, so habe ich in der letzten Zeit sehr viele Bücher gekauft. Sie sind einfach für meine Arbeit nötig. Ich hoffe, daß ich im Sommer durch Gottes Segen 15 Pfund oder mehr verdiene. Viele herzliche Grüße an meine liebe Mutter. Ich bin sicher, daß sie allen Müttern in der Welt erzählen kann, daß die Gebete der Eltern nicht vergessen sind. Ich glaube wohl, daß Gott die Schlechtesten zuerst rettet. Wenn du es nicht glaubst, ich doch. Ich habe Euch mehr Mühe gemacht als die andern."

Und in einem Brief an die Mutter schreibt er: „Zur Zeit brauche ich Deine Gebete doppelt. Mühe habt ihr genug mit mir gehabt, aber ich glaube, daß die Tröstungen Euch auch in Trübsalen freudig erhalten haben; niedergedrückt, aber nicht verzweifelt. Ich muß sagen: Gelobt sei der Herr, daß er mich in seiner souveränen Gnade zu seinem Sohn gemacht hat. Ich fühle die Verderbtheit aufsteigen, und der alte Mensch ist stark, aber die Gnade greift immer im kritischen Augenblick ein und rettet mich vor mir selbst. Der Herr halte mich! Ich habe keine Hoffnung, gut zu leben, es sei denn durch seine Kraft. Mutter, laß alle für mich beten. Das Gebet ist kostbarer als Gold, es macht mich reich. Heb deine Arme auf wie Mose! In mir und um mich herum tobt eine schwere Schlacht. Jesus bittet für mich. ...Jehova, Jesus, unser Schild, ist nahe.

Noch einmal liebe Grüße an alle von Deinem Dich liebenden Sohn Charles."

Die Pläne, ein College zu besuchen, wurden wieder verworfen. So blieb Spurgeon in Waterbeach und wurde Pastor, Hirte seiner Gemeinde. Gerade um die schwierigsten seiner Schäfchen kümmerte er sich am intensivsten. Er war nur von dem einen Gedanken erfüllt, daß auch sie in den Himmel kommen.

In seinem Ort lebte ein schrecklicher Geizkragen. Er

hatte, als er alt und krank wurde, sein Bett im Wohnzimmer im unteren Stockwerk aufgeschlagen und befohlen, sein Grab sollte direkt vor dem Fenster ausgehoben werden, um die Kosten für die Beerdigung so niedrig wie möglich zu halten. Ein Freund des Pastors erzählte, daß kein einziger Fall bekannt sei, wo dieser Geizige jemandem etwas geschenkt habe. „Nun", antwortete Spurgeon, „ich weiß es besser, denn an einem Sonntagnachmittag schenkte er mir drei halbe Kronen, und da ich mir einen neuen Hut kaufen wollte, reichte das Geld gerade aus."

„Nun gut", erwiderte der Freund, „aber ich bin mir sicher, daß er sich eine solch außergewöhnliche Freigebigkeit niemals verziehen hat und seine drei halben Kronen gerne wieder zurückgeholt hätte."

Der Freund hatte noch nicht die ganze Geschichte gehört. „Am nächsten Sonntag kam der alte Mann wieder zu mir und bat mich, für ihn zu beten, damit er von der Sünde der Habsucht erlöst würde. ‚Denn', so sagte er, ‚der Herr hat mir gesagt, ich sollte Ihnen vier halbe Kronen geben, aber ich habe eine davon zurückbehalten und konnte seither keine Nacht mehr Ruhe finden, weil ich immer daran denken mußte.'"

Einmal wurde Spurgeon eingeladen, auf einem Jahresfest zu predigen. Der alte Herr Sutton hatte von ihm gehört, er sei ein guter Verkündiger. Gesehen hatte er ihn aber noch nie. So wußte er nicht, daß Spurgeon noch so jung war.

Nachdem sich die beiden begrüßt hatten, sagte er: „Ich hätte Sie nicht hierher gebeten, wenn ich geahnt hätte, daß Sie noch so jung sind. Den ganzen Morgen über strömen die Leute hierher. Sie kommen mit Kutschen und Eselsfuhrwerken und auf alle mögliche Art. Ein großer Haufen Narren", fügte er hinzu.

„Nun", sagte Spurgeon, „ich kann ja jederzeit wieder zurückgehen nach Waterbeach. Bestimmt werden die Leute sehr froh dort sein, wenn ich wieder da bin."

„Nein, nein", sagte der alte Pastor, „jetzt sind Sie einmal

hier, jetzt müssen Sie Ihr Bestes geben. Da ist noch ein junger Freund aus Cambridge hier, der hilft Ihnen; wir werden nicht viel von Ihnen erwarten."

Und während er die Tür in den Gemeinderaum öffnete, murmelte er noch: „Du liebe Güte! Wohin soll diese Welt noch kommen, wenn wir als Prediger Kinder haben, die noch nicht einmal die Muttermilch runtergeschluckt haben."

Spurgeons Zeit war gekommen. Er ging auf die Kanzel hinauf, an dem alten Pastor vorbei, der auf den Stufen saß — vermutlich jederzeit bereit, mit dem Gottesdienst weiterzumachen, falls Spurgeon am Ende wäre. Nach Gebet und Gesang las Spurgeon aus dem Buch der Sprüche jenes Kapitel vor, das die Worte enthält: „Graue Haare sind eine Krone der Ehre." Als er bis dahin gelesen hatte, unterbrach er und meinte:

„Das bezweifle ich, denn heute morgen habe ich einen Mann mit grauem Haar getroffen, der noch nicht einmal die allgemeine Höflichkeit gegenüber seinen Mitmenschen beherrschte." Dann fuhr er in seiner Lesung fort: „Auf dem Weg der Gerechtigkeit wird sie gefunden! Aha," sagte er, „das ist natürlich etwas anderes. Ein graues Haar ist dann eine Krone der Ehre, wenn es gerecht ist. Dann gilt das auch für rotes und für alle andern Haarfarben." Er fuhr fort mit der Predigt und gab sein Bestes.

Als er anschließend von der Kanzel herunterkam, schlug Herr Sutton ihm auf die Schultern und erklärte: „Das war großartig! Ich bin seit fast vierzig Jahren Prediger und habe noch nie einen solchen Gefallen an einer Predigt gefunden. Aber Sie sind auch der bissigste Hund, der je auf einer Kanzel gebellt hat."

Seither waren Herr Sutton und er die besten Freunde.

1854 wurde Spurgeon zur New Park-Street Gemeinde nach London berufen. Der Gottesdienst in dieser riesigen Kirche war äußerst spärlich besucht. Nur 200 Menschen kamen am Sonntag. Was aber den jungen Spurgeon zum Staunen brachte, war das innige, ernsthafte Beten der

Gemeindeglieder. Ehrfurcht lag darin, und es war, als würde die Kraft des Herrn alle umhüllen. Der junge Hirte seiner Gemeinde wurde so bewegt, daß er nur sagen konnte: „Die Kirche füllte sich mit immer mehr Menschen, und viele ließen sich in die Gemeinschaft mit Gott bringen."

Er empfand es als ein großes Vorrecht, daß er in einer betenden Gemeinde predigen durfte. Er wurde selbst durch die Wirkung seiner Predigten erschreckt.

Er schreibt über diese Zeit: „Der Gedanke an die ‚Karriere', die sich da vor mir zu öffnen schien, machte mich keineswegs stolz, sondern warf mich vielmehr in die tiefste Tiefe hinunter. Ich konnte nur noch: ‚Erbarme dich!' rufen, aber nicht mehr ‚Ehre sei Gott in der Höhe'. Wer war ich denn, daß ich weitermachen und eine so große Schar führen sollte? Ich wollte wieder zurück in die Verborgenheit des Dorfes, oder nach Amerika auswandern und irgendwo in den Wäldern ein einsames Nest finden, wo ich für das, was von mir verlangt wurde, geeignet war. Es war die Zeit, da der Vorhang sich über dem, was mein Lebenswerk sein sollte, hob, und ich fürchtete mich vor dem, was er enthüllen würde. Ich hoffte, daß ich nicht ohne Glauben war, aber ich war voller Furcht und mit dem Wissen um meine Unzulänglichkeit erfüllt. Ich fürchtete mich vor dem Werk, das eine gnädige Vorsehung für mich bereitet hatte. Ich fühlte mich wie ein kleines Kind und zitterte, als ich die Stimme hörte, die zu mir sprach: ‚Erhebe dich und dresche die Berge und mache sie zu Hächsel!' Diese Niedergeschlagenheit kommt jedesmal über mich, wenn der Herr einen größeren Segen für meinen Dienst zubereitet; die Wolke ist schwarz, bevor sie auseinanderbricht, sie ist überschattet, bevor sie die Flut der Gnade entläßt. Das Scheuern des Gefäßes hat es brauchbar gemacht für den Dienst des Herrn."

Man kann erahnen, durch welch große Anfechtungen dieser begnadete Verkündiger gegangen ist. Gott hat ihn in einzigartiger Weise brauchen können, um das Evangelium zu verkündigen. Spurgeon war bereit, diesen inneren Zerbruch an sich geschehen zu lassen, wenn dadurch Menschen von Christus angezogen und gerettet würden. Ihm ging es nicht um eigenes Können und eigenes Vermögen, sondern allein um die Ehre Gottes, und für dieses hohe Ziel lohnte sich jeder Einsatz.

Er war sich bewußt, daß alle eigenen Gelöbnisse und Entschlüsse zum Scheitern verurteilt waren, weil ihnen die Kraft fehlte, sie auszuführen. So setzte er sein Vertrauen allein auf Gott in der Hoffnung, daß sein Wort lebendig ist und wie „ein zweischneidig Schwert, das durchdringt, bis es scheidet Seele und Geist, auch Mark und Bein, und ist ein Richter der Gedanken und Sinne des Herzens." Sein Dienst war von Vollmacht begleitet, und viele Menschen fanden durch ihn zu Christus.

Er berichtet darüber: „Eine andere außergewöhnliche Bekehrung in der New Park Street war die eines Mannes, der regelmäßig am Sonntagabend in ein Wirtshaus ging und dort seinen Gin holte. Er sah eine Ansammlung von Menschen um die Kapellentür herum und wunderte sich, was denn da los sei. Also kam er herein und erzwang sich seinen Weg durch die Menge bis in den Innenraum. Genau in diesem Augenblick drehte ich mich um in seine Richtung. Ich weiß nicht, warum ich dies tat, aber ich sagte, daß da vielleicht jemand in der Halle sei, der mit keinen guten Absichten hereingekommen sei, denn er habe selbst jetzt noch die Schnapsflasche in der Tasche. Diese seltsam zutreffende Aussage traf den Mann, und da er erstaunt war, weshalb ihn der Prediger so genau beschreiben konnte, hörte er aufmerksam bei den Warnungen zu, die hierauf folgten. Das Wort erreichte sein Herz, die Gnade Gottes begegnete ihm, er tat Buße und wandelte schon bald demütig in die Furcht Gottes.

Ein andermal fand eine arme Hure den Erlöser in diesem selben Gebäude. Sie hatte vorgehabt, sich auf der Blackfriars-Brücke das Leben zu nehmen. Aber als sie an diesem Sonntagabend an der Kapelle vorbeiging, beschloß sie hineinzugehen. Sie wollte zum letzten Mal etwas hören, das sie vielleicht zubereiten könne, bevor sie vor ihren Schöpfer trat. Sie erkämpfte sich einen Weg in das Seitenschiff und konnte nun, selbst wenn sie gewollt hätte, nicht mehr heraus. Text an diesem Abend war: ‚Siehst du diese Frau?' Ich beschrieb die Frau, die eine stattbekannte Sünderin war, und malte es den Zuhörern vor Augen, wie sie die Füße ihres Erlösers mit Tränen wusch und sie mit ihrem Haar trocknete, denn sie liebte viel, weil ihr viel vergeben worden war. Während ich predigte, zerfloß die unglückliche Frau in Tränen bei dem Gedanken, daß hier ihr eigenes, unglückseliges Leben vor der ganzen Versammlung gezeichnet wurde. Ich hatte die große Freude, erstens ein armes Geschöpf vor dem Selbstmord retten zu dürfen und dann zweitens das Werkzeug zu sein, ihre Seele von der Verderbtheit zu erretten.

Viele ähnliche Taten der Gnade haben sich im Laufe der Jahre im Tabernakel ereignet. Männer und Frauen sind hereingekommen, einfach aus Neugierde, eine Neugierde, die oft durch irgendeine unwahre Geschichte oder böswillige Verleumdung durch voreingenommene Menschen hervorgerufen worden war. Und doch hat Jesus Christus sie gerufen, und sie sind seine Jünger und unsere lieben Freunde geworden. Einige von denen, bei denen man dies kaum erwartet hätte, wurden so später die wertvollsten Soldaten in der Armee Gottes."

In die Londoner Zeit fiel auch die Begegnung mit Susannah Thompson, die er zu seiner Frau auserkor. Ich will sie hier selbst zu Wort kommen lassen. In ihrer Natürlichkeit und Ergriffenheit vermag sie das in Worte zu fassen, was ihr Innerstes bewegte. Sie begegnete ihrem zukünftigen Ehemann, als er zum ersten Mal am 18. Dezember 1853 in der Kapelle der New Park Street predigte. Sie war mit Vater Olney und seiner Frau in den Gottesdienst gekommen.

Susannah berichtet: „Wie wenig kam mir der Gedanke, daß meine Augen den sehen würden, der meine große Liebe werden sollte! Wie wenig träumte mir von der Auszeichnung, die Gott für mein Leben vorbereitete! Denn wenn ich die Wahrheit sagen soll, ich war in keiner Weise von der Rednergabe des jungen Predigers fasziniert, zumal seine dörfische Art, sich zu benehmen und zu reden, bei mir mehr Ablehnung als Bewunderung hervorrief. Ach, wie dumm ich damals war! Ich war nicht geistlich genug, diese aufrichtige Darlegung des Evangeliums zu verstehen. Was ich sah, war der große, schwarze Satin-Stehkragen, das lange, schlecht frisierte Haar und das blaue Taschentuch mit den weißen Punkten – das alles zog meine Aufmerksamkeit auf sich und weckte in mir, so fürchte ich fast, irgendwie Gefühle der Belustigung. Nur einen Satz habe ich aus der ganzen Predigt aufgenommen, und auch den nur aufgrund seiner Wunderlichkeit. Meiner Ansicht nach war es außergewöhnlich, daß ein Prediger von ‚den lebendigen Steinen in dem himmlischen Tempel des Blutes Christi' redete.

Bis zu dieser Zeit hatte ich nie ein öffentliches Bekenntnis meines Glaubens abgelegt, obwohl ich unter dem Dienst von Pastor Bergen etwa ein Jahr bevor Spurgeon nach London kam, eingesehen hatte, daß ich einen Erlöser brauchte.

Aber seither war ich kalt und uninteressiert geworden gegenüber den Dingen Gottes. Zeiten der Dunkelheit, Verzagtheit und des Zweifels hatte ich durchgemacht, aber ich hatte alle religiösen Erfahrungen sehr sorgfältig in meiner Brust verschlossen. Meine Seele war kränklich und schläfrig, als ich unter den Dienst meines späteren Mannes kam."

Bei einem Sonntagsschulmitarbeiter suchte Susannah Rat, und der muß Spurgeon von den Glaubenskämpfen dieser jungen Frau erzählt haben. Er schenkte ihr „Bunyans Pilgerreise" und schrieb ihr als Widmung hinein: „Fräulein Thompson, mit dem Wunsch, sie möge auf der gesegneten Pilgerreise fortschreiten. Von C. H. Spurgeon, 20. April 1854".

„Ich glaube nicht, daß mein späterer Geliebter", so erzählt Susannah weiter, „zu diesem Zeitpunkt irgend etwas anderes im Sinn hatte, als einer Seele in ihrem Glaubenskampf auf den Weg zum Himmel zu verhelfen. Aber doch beeindruckte mich sein Bemühen um mich sehr, und dieses Buch wurde für mich außerordentlich kostbar und hilfreich. Nach und nach erzählte ich ihm, wenn auch mit viel Zittern, wie ich vor Gott stand, und er führte mich sanft mittels seiner Predigten und dem Gespräch mit mir durch die Kraft des Heiligen Geistes zum Kreuz Christi, wo ich den Frieden und die Vergebung fand, die meine müde Seele so sehr suchte.

Diese Dinge gingen eine ganze Zeitlang still und leise vor sich, unsere Freundschaft wuchs immer mehr, und ich war glücklich."

Mit folgendem Abschnitt aus einem Buch setzte Spurgeon sein Liebeswerben fort:

„,Suche eine gute Frau von deinem Gott, denn sie ist die beste Gabe seiner Vorsehung; aber bitte nicht in kühnem Vertrauen um das, was er nicht versprochen hat: Du kennst seinen guten Willen nicht. Deshalb soll dein Gebet sich unterordnen unter ihn, und überlaß deine Bitte seiner Gnade, sei versichert, daß er es mit dir wohl macht. Wenn du eine Frau deiner Jugend haben sollst, dann lebt sie heute schon auf der Erde; deshalb denke an sie und bete für ihr Wohl.'

Während eines Spaziergangs an jenem denkwürdigen Tag im Juni, so glaube ich, hat Gott selbst unsere Herzen mit dem Band wahrer Zuneigung verbunden."

Die Verlobung des jungen Paares folgte am 2. August 1854. In den Tagebuchaufzeichnungen von Susannah lesen wir: „Es ist unmöglich, all das niederzuschreiben, was heute morgen geschehen ist. Ich kann nur in der Stille die Gnade Gottes anbeten und ihn für alle seine Wohltaten loben."

Susannah besuchte regelmäßig die Gottesdienste ihres Verlobten, wuchs im Glauben und konnte am 1. Februar 1855 von Spurgeon auf das Bekenntnis ihrer Buße und Umkehr zu Gott getauft werden. Liebevoll wurde Susannah auch in die Familie ihres Verlobten aufgenommen. Aber mit dem Glück fiel auch ein Schatten auf das junge Paar. Spurgeon wurde als Redner auf viele Veranstaltungen eingeladen, und er kam dadurch an den Rand seiner körperlichen Belastbarkeit. Im Frühjahr 1855 predigte er in einer großen Halle vor einer kaum zu übersehenden Menschenmenge. Seine Stimme war überbeansprucht, so daß sie zu versagen drohte. Fast schien sie zu brechen, wenn er unter großen Anstrengungen die Menschen aufforderte, zu Christus zu kommen, oder wenn er Gottes Herrlichkeit aufzeigte. Unter dem Pult stand immer ein Glas mit scharfem Weinessig. Susannah litt, wenn sie sah, daß ihr Verlobter zu diesem Mittel greifen mußte. Sie berichtet:

„Wie hat das mein Herz geschmerzt! Was für eine Selbstkontrolle war notwendig, um ruhig und gefaßt zu bleiben und still zu sitzen auf meinem Platz in der kleinen Seitengalerie! Wie gerne hätte ich das Recht gehabt, nach dem Gottesdienst hinzugehen und ihn zu trösten und aufzumuntern. Statt dessen ging ich weg, wie alle andern Leute auch — ich, der ich zu ihm gehörte und ihm näher stand als jeder andere dort! Es war eine harte Schule für ein junges und liebendes Herz!"

Später war die Stimme durch die vielen Predigten so gut trainiert, daß solche Schwächeanfälle nicht mehr vorkamen. Im Gegenteil, er verfügte über eine silberklare Stimme, die auch im Freien seine Worte zu vielen Tausenden von Menschen trug. Seine Versammlungen wurden immer größer, und auf einem freien Feld waren es einmal mehr als 10.000, die seiner Predigt folgten.

Seine Zuhörer waren von der Ansprache tief bewegt. Tausende von Hüten wurden geschwenkt, und es flossen viele Tränen. Aber in diese Begeisterungsstürme fielen, wie der Reif in einer Frühlingsnacht, auch der Haß und Neid seiner Feinde. Die Wahrheit des Evangeliums wurde nicht von allen Menschen angenommen. Die, die sie ablehnten, sparten nicht mit Hohn und Spott. Um Christi Willen mußte Spurgeon das Kreuz der Verachtung tragen. Aber er ließ sich weder durch Lob und Ehre noch durch Schimpf und Schande davon abbringen, Jesus die Treue zu halten und seinen Namen zu verkündigen.

In diese Zeit der Verunglimpfung fiel dann der wunderschöne Tag der Hochzeit. Am 8. Januar 1856 wurde das junge Paar vor einer großen Gemeinde getraut. Die Kapelle konnte die Menschen gar nicht alle fassen, so daß sie auf den Straßen Spalier standen und den Neuvermählten zujubelten. Als Zeichen der Treue steckte Spurgeon seiner Braut einen goldenen Ring an den Finger. Später war er ganz abgenutzt und dünn geworden und zeugt so von Liebe und Hingabe füreinander.

Die junge Ehe wurde von den Stürmen der Verleumdung ziemlich gerüttelt und geschüttelt. Susannah litt, wenn sie wieder einmal in der Presse lesen mußte, wie heftig ihr Mann angegriffen wurde. Sie schreibt dazu:

„Welch bittere Schmerzen bedeuteten diese Angriffe für mich. Entweder trauerte mein Herz mit ihm oder es entbrannte in Entrüstung gegen seine Angreifer. Lange Zeit fragte ich mich, was ich tun könnte, um ihm einen ständigen Trost vor Augen zu halten, bis ich schließlich einen Weg fand: Ich nahm die folgenden Verse und faßte sie in einen Rahmen: ‚Selig seid ihr, wenn euch die Menschen um meinetwillen schmähen und verfolgen und reden allerlei Übles wider euch. Seid fröhlich und getrost, es wird euch im Himmel wohl belohnt werden. Denn also haben sie verfolgt die Propheten, die vor euch gewesen sind' (Matth. 5, 11 + 12).

Dieser Text wurde in unserem Haus aufgehängt, und der Prediger las ihn jeden Morgen. Er erfüllte seinen Dienst mit reichem Segen, denn er stärkte sein Herz und machte ihn fähig, die unsichtbare Rüstung anzulegen, mit der er freundlich unter Menschen wandeln konnte, unbehelligt durch ihre Verleumdungen, allein bedacht auf ihr Bestes und ihre wichtigsten Bedürfnisse."

Es gab aber auch wohlgesinnte Kritiker, zu denen James Grant, der Herausgeber des *Morning Advertiser,* gehörte. Er beurteilte Spurgeon folgendermaßen:

„Der Pastor C. H. Spurgeon
Ein junger Mann, einundzwanzig Jahre alt, ist vor kurzem

unter unseren Predigern unter diesem Namen in unserer Stadt aufgetaucht und schafft eine große Sensation in der religiösen Welt.

Wie groß die Bekanntheit dieses fast noch jungenhaften Predigers ist, wird sehr bald deutlich, wenn man bedenkt, daß gestern sowohl am Morgen als auch am Abend die riesige Halle, die 4 000-5 000 Menschen faßt, bis auf den letzten Platz besetzt war."

Ein Doktor der Theologie schreibt an Spurgeon: „Sie haben einen starken Glauben und folglich eine intensive Aufrichtigkeit. In dieser Tatsache liegt wie in dem Haar Simsons das Geheimnis Ihrer Vollmacht. Machen Sie weiter, mein Bruder, und möge Gott Ihnen noch weit mehr Erfolg in Ihrem Dienst schenken! ,Predige das Wort, die alte Theologie, dieses herrliche Evangelium des hochgelobten Gottes, für das die Apostel arbeiteten und die Märyrer starben!' Fahren Sie fort, in all Ihrem Lehren das Kreuz Christi zu verkündigen."

Spurgeon kam dieser Aufforderung nach, und es ist erstaunlich, wie viele Menschen durch seine Predigten zum Glauben kamen. Selbst die üble Nachrede führte dazu, daß die Leute neugierig wurden und diesen seltsamen und kuriosen Prediger hören wollten. Nicht selten fanden sie dann zum Glauben an Christus.

Spurgeon berichtet darüber: „Ein Trunkenbold sagte: ,Ich werde hineingehen und den alten Spurgeon hören.' So kam er herein, um sich über den Prediger lustig zu machen. Aber dann stand er dort, bis das Wort sein Herz traf; und er, der seine Frau schlug und der aus seinem Haus eine Hölle machte, kam mich sehr bald besuchen, drückte mir die Hand und sagte: ,Der Allmächtige segne Sie, Herr. Da ist etwas dran an der wahren Religion.'

Ich habe zu jenem Mann gesagt: ,Schicken Sie Ihre Frau zu mir, damit ich höre, was sie über Sie sagt.' Die Frau ist gekommen, und ich fragte sie: ,Was denken Sie nun über Ihren Ehemann, gute Frau? Oh, mein Herr, so eine Veränderung habe ich in meinem ganzen Leben noch nicht gesehen! Er ist auf einmal so gut zu uns. Er ist wie ein Engel und war vorher wie ein Feind zu uns. Oh dieses verfluchte Trinken, Herr! Alles Geld floß in die Wirtschaft. Und wenn ich dann in die Kirche ging, tat er nichts, als mich zu mißbrauchen.

Oh! zu denken, daß er nun am Sonntag mit mir kommt und daß das Alkoholgeschäft für ihn geschlossen ist! Und die Kinder, die ohne Schuhe oder Socken herumlaufen mußten, nun nimmt er sie auf seine Knie und betet so lieb mit ihnen. Oh, welch eine Veränderung!'"

Spurgeon hat in seinen Predigten nie den Beifall oder die Zustimmung der Menschen gesucht. Aber Gott hat es geschenkt, daß durch ihn viele zum Heil in Christo fanden. Spurgeon erzählt: „Vor vielen Jahren wurde ich eines Abends, nachdem ich gepredigt hatte, von einem Kutscher nach Hause gefahren. Nachdem ich ausgestiegen war und bezahlt hatte, zog er ein kleines Testament aus seiner Jakkentasche, zeigte es mir und sagte: ‚Es ist nun etwa fünfzehn Jahre her, seit Sie mir dies gegeben und mit mir über meine Seele gesprochen haben.

Ich habe Ihre Worte nie vergessen, und seither ist kein Tag vergangen, an dem ich nicht in dem Buch gelesen hätte, das Sie mir damals gaben.'

Ich war glücklich, daß in diesem Fall der Samen offensichtlich auf guten Boden gefallen war."

Im folgenden Abschnitt erzählt Susannah Spurgeon über ihre ersten Ehejahre:

„Unser Haushalt begann sehr bescheiden, und dabei mußten wir noch kräftig sparen, denn mein lieber Mann wollte gerne jungen Männern helfen, das Evangelium zu predigen. So mußten wir aus unserem sowieso bescheidenen Einkommen noch ziemlich viel für Unterhalt und Ausbildung eines jungen Mannes abzweigen, der als erster zum Dienst am Evangelium ausgebildet wurde. Aus so bescheidenen Anfängen entwickelte sich das heutige Predigerseminar! Wie hat sich mein Mann gefreut, als er es gegründet hatte, und wie haben wir gemeinsam geplant und gedarbt, um das zu verwirklichen, was ihm sein liebendes Herz eingab.

Einmal ging es uns besonders schlecht. Wir hatten nie Schulden bei Geschäften, trotzdem war eine größere Summe fällig, wohl Gebühren oder Steuern. Aber wir hatten nichts, womit wir sie hätten bezahlen sollen. Wir waren traurig und erregt. ‚Liebste', sagte mein Mann, ‚was sollen wir machen? Ich kann mir kein Pferd mehr mieten und werde jedesmal, wenn ich predigen muß, zu Fuß dorthin gehen.'

‚Unmöglich', antwortete ich, ‚du hast so viele Dienste dort. Das kannst du nicht machen.' Lange haben wir über Sparmaßnahmen nachgedacht, dann legten wir diese Last vor den Herrn und baten ihn um Hilfe. Und natürlich hörte und antwortete er, denn er ist ein treuer Gott. Noch am selben Abend bekamen wir einen Brief mit zwanzig Pfund. Wir haben nie erfahren, wer ihn schickte, aber wir wissen, er war Gottes Antwort auf unser Gebet.

Das war das erste Mal, daß wir gemeinsam die Erfahrung machten, daß uns der himmlische Vater in besonderer Not hilft. Unsere Herzen wurden voller Freude. Gott wußte, was wir brauchten, bevor wir ihn baten.

Ich kann mich nicht erinnern, meinen Mann je wieder in Sorge wegen des nötigen Geldes gesehen zu haben, trotz all der großen Dinge, die er für den Herrn unternahm.

Ich erinnere mich noch an ein anderes Erlebnis. Es war an einem Sonntagabend, als der Herr es zuließ, die ersten schwarzen Schatten über unser junges Glück fallen zu lassen. Ich lag auf dem Sofa und dachte an meinen lieben Mann, der gerade seine erste Predigt in der Surrey Music Hall hielt. Ich betete, daß der Herr die Tausende, die dort versammelt waren, segnen möchte. Es war einen Monat nach der Geburt unserer Zwillinge, und ich träumte für sie glückliche Träume. Da hörte ich einen Wagen vor der Tür halten. Mein Mann konnte es noch nicht sein. Ich überlegte, was für ein unerwarteter Besuch das wohl wäre. Sofort trat ein Diakon ein, und ich begriff im selben Augenblick, daß etwas Ungewöhnliches geschehen war. Ich bat ihn, mir alles schnell zu erzählen, und er tat es, freundlich und voller Mitgefühl. Mein Mann war zusammengebrochen. Nach seinem Bericht kniete er am Sofa nieder und betete, daß wir die Gnade und Kraft bekämen, diese schreckliche Prüfung zu ertragen. Aber wie dankbar war ich, als er ging.

Ich wollte allein sein und in dieser Stunde der Dunkelheit zu Gott flehen.

Als mein Mann nach Hause gebracht wurde, war er nur noch ein Schatten seiner selbst — so hatte die Agonie der Seele ihn in einer Stunde verändert. Es folgte eine Nacht des Weinens und des Klagens und unbeschreiblicher Not.

Nichts konnte ihn trösten. Ich dachte, es würde nie mehr einen neuen Morgen geben.

In seiner Gnade hat Gott die meisten Einzelheiten in der Zeit des Schmerzes, die jetzt begann, aus meiner Erinnerung gelöscht. Wir gingen wirklich durch das Tal der Todesschatten.

Und dann gefiel es Gott, das seelische Gleichgewicht meines Mannes wieder herzustellen und die Fesseln zu lösen, die seine Seele in der Dunkelheit hielten. Man hatte uns nach Croydon gebracht in der Hoffnung, daß Veränderung und Ruhe ihm guttun würden. Wie schon so oft gingen wir nebeneinander — er ruhelos und gequält, ich voller Sorgen, wohin das alles führen sollte, als er an der Treppe zum Haus plötzlich innehielt, sich zu mir wandte, es in seinen Augen aufleuchtete und er sagte: ,Liebste, wie dumm war ich! Was macht es, was mir geschieht, wenn nur der Herr erhöht wird.'

Und dann sprach er mit Kraft und Nachdruck die Worte aus Philipper 2,9-11: ,Darum hat ihn auch Gott erhöht und hat ihm den Namen gegeben, der über allen Namen ist, daß in dem Namen Jesu sich beugen sollen aller derer Knie, die im Himmel und auf Erden und unter der Erde sind, und alle Zungen bekennen sollen, daß Jesus Christus der Herr ist, zur Ehre Gottes, des Vaters. — Wenn Christus erhöht wird, so mag er mit mir tun, was er will;

mein Gebet soll nur das eine sein: daß ich mir selbst sterbe und ganz für ihn und seine Ehre lebe. O Liebste, jetzt ist mir alles klar! Preise mit mir den Herrn!'

In diesem Augenblick zerbrachen seine Fesseln, der Gefangene war frei und freute sich am Licht des Herrn. Die Sonne der Gerechtigkeit schien ihm wieder, und sie hatte Heilung in ihren Strahlen.

Aber die Narben dieses Kampfes blieben bis zu seinem Todestag, und die körperlichen Kräfte, die er vor dieser schlimmen Prüfung hatte, gewann er nie mehr ganz zurück. Der Herr hatte ihn wirklich einen dornigen Weg geführt. Menschliche Liebe hätte alles getan, ihn vor solch einem Leiden zu bewahren, aber Gottes Liebe sah vom Anfang das Ende, und er macht keinen Fehler."

Zwei Kinder wurden dem Ehepaar geschenkt, Zwillinge, und diese Familie wäre glücklich zu nennen gewesen, hätte es nicht immer wieder diese schrecklichen persönlichen Angriffe gegeben. Einmal wollte Spurgeon in der großen Music Hall predigen, die 10 000 Menschen faßte. Durch Störtrupps entstanden solche Unruhen, daß dabei 7 Menschen zu Tode kamen und viele verletzt wurden. Spurgeon selbst erlitt dabei einen Schwächeanfall, und er mußte mehr tot als lebendig aus der Halle getragen werden. Meist waren die Hallen, in denen Spurgeon predigte, überfüllt. Zeit seines Lebens litt er unter der Angst, daß sich wieder so etwas Schreckliches ereignen könnte.

Heftige, bösartige Angriffe der Presse setzten diesem vollmächtigen Prediger sehr zu. So schrieb eine Zeitung:

„Spurgeon ist ein Prediger, der seinen Hörern Verdammungsurteile ins Gesicht schleudert. Andere, die der Heiligen Schrift folgen, versuchen, irrende Seelen durch liebevolle Worte und auf freundliche Weise auf den rechten Weg zu locken. Spurgeon packt sie bei der Nase und zwingt sie zur Religion.

Laßt uns gegen die Übergriffe und Gotteslästerungen von Männern wie Spurgeon eine Schranke aufrichten. Wir sagen: ,Bis hierher und nicht weiter!'"

Trotz dieser massiven Angriffe wuchs die Gemeinde in der New Park Street ständig. So wurde beschlossen, das Tabernakel mit über 5 000 Sitzplätzen zu bauen. Der große Zulauf, den Spurgeon hatte, ist wohl durch seine anschauliche, bildhafte Predigtweise zu erklären. Außerdem liebte er die Menschen und fühlte sich mit ihnen aufs engste verbunden. Die rettende Tat Jesu Christi brannte ihm in der Seele. Jede Predigt war eine Aufforderung Gottes, vom heillosen Weg umzukehren und Gott in die Arme zu laufen. Spurgeon war davon überzeugt, daß die Qualität einer Predigt nicht davon abhangt, ob sie gefällt oder von Gelehrsamkeit glänzt, sondern davon, ob sie die Heiligen aufbaut und die Sünder erweckt.

Besonders die Predigt vom Leiden Jesu wurde für viele ein Segen. Der leidende Christus öffnete das Herz der Hörer, und seine Hingabe am Kreuz machte dem Hörer seine Sünde bewußt. Möge doch der Heilige Geist den Menschen den leidenden Erlöser vor Augen führen, dann würde ihnen ihre Sünde leid tun.

Spurgeon fand aber auch Kritiker, die ihm wohlgesonnen waren.

So schickte ihm ein unbekannter Mann jede Woche eine Liste seiner Fehler. Er blieb aber immer anonym.

„Das ist der einzige Vorwurf, den ich ihm mache" , schreibt Spurgeon, „denn den Dienst, den er mir getan hat, kann ich nie vergelten. Mit großem Einfühlungsvermögen und geleitet von dem Wunsch, mir nützlich zu sein, führte er alles an, was ich Falsches gesagt hatte. In einigem irrte er sich, aber meistens hatte er recht, und seine Anmerkungen machten es mir möglich, viele Fehler zu erkennen und vermeiden zu lernen. Jede Woche war ich auf seine Anmerkungen gespannt. Sie haben mir geholfen, besser zu predigen."

Natürlich hat sich Spurgeon selbst gefragt, ob er denn der rechte Prediger einer so großen Gemeinde sei. Er beurteilt sich selbst: „Inzwischen höre ich, daß die Leute sagen: ,Dieser Mann hat nie ein College besucht; er kam völlig unvorbereitet in dieses Amt; er kann nur die Armen ansprechen; er spricht keine Fremdsprache ...' Dann antworte ich: Genau so ist es. Jedes Wort ist wahr, und man könnte noch viel mehr sagen. ‚Aber nun hat Gott das Törichte vor der Welt erwählt, um das Weise zu beschämen. Und Gott hat, was schwach ist in der Welt, erwählt, um das Starke zu beschämen. Und was niedrig ist in der Welt und was verachtet ist, hat Gott erwählt, ja was nichts ist, um zunichte zu machen, was ist, damit sich kein Fleisch vor ihm rühme.'

Auf diese Weise will ich mit dem Apostel Paulus ein Tor sein.

Es war Gottes Werk, und Gott erwählte das unmöglichste Werkzeug, das er finden konnte, damit ihm die Ehre zukäme. Und er soll sie auch haben. Ich will nichts für mich und es keiner Erziehung zuschreiben, die ich nicht erhalten habe, oder Kenntnissen, die ich nicht besitze, oder einer Beredtsamkeit, um die ich mich nie bemüht habe. Ich verkündige Gottes Wort, und Gott – das weiß ich – spricht durch mich und wirkt durch mich, und ihm allein sei der Ruhm."

Seine größte Wirksamkeit entfaltete Spurgeon in seinen Gottesdiensten im Tabernakel. Am 18. März 1861 wurde die große Halle mit einer Gebetsversammlung eröffnet.

Über 1 000 Menschen trafen sich zum Gebet. Spurgeon leitete die Versammlung.

Sie war von großem Eifer und Ernst getragen.

Im Tabernakel machte Spurgeon viele Erfahrungen mit Gott. Manchmal ereigneten sich auch seltsame Dinge. Ein Mann war durch Spurgeons Predigten zum Glauben gekommen und kam regelmäßig zum Gottesdienst.

Seine Frau war sehr dagegen, aber er ließ sich nicht davon abhalten. Es wird darüber berichtet: „An einem Sonntagabend, als ihr Mann zum Gottesdienst gegangen war, war ihre Neugier stärker als ihr Vorurteil, und so beschloß sie, den Prediger zu hören. Da sie nicht erkannt werden wollte, kleidete sie sich mit einem dichten Schleier und einem dicken Schal, zudem setzte sie sich auf die oberste Empore. Sie kam sehr spät, und als sie eintrat, sagte der Prediger gerade einen Text an. Die ersten Worte, die sie hörte, paßten genau auf sie, zudem der Prediger genau auf sie zeigte und sagte:

‚Komm herein, du Weib Jerobeams! Warum stellst du dich so fremd? Ich bin zu dir gesandt als ein harter Bote‘ (1. Könige 14,6).

Diese ‚zufällige‘ Übereinstimmung berührte sie noch stärker, als Spurgeon während der Predigt sagte:

‚Wenn ich jetzt so über den gelegentlichen Hörer spreche, geht es mir nicht aus dem Sinn, daß ich jemandes Porträt gezeichnet haben könnte. Ich denke, es sind einige unter uns, deren Charakter und Verhalten ich so genau beschrieben habe, daß sie wissen, daß sie gemeint sind. Und wenn du es bist, den ich beschrieben habe, dann schau dich nicht unter deinen Nachbarn um und sage: Das paßt auf jemand anderen. Wenn die Beschreibung auf dich paßt, nimm sie an, und Gott möge sie in die Mitte deines Gewissens stellen, so daß du sie nicht loswerden kannst! ... Ich glaube nicht, daß sich heute abend jemand verkleidet hat, obwohl auch das vorkommen kann. Der Arbeiter, der Angst hat, ausgelacht zu werden, kommt vielleicht verkleidet hierher. Und vielleicht auch der Pfarrer, dessen Gewissen unruhig wäre, wenn er hier gesehen würde. Ganz gleich, wer du auch bist, ob verkleidet oder nicht, all das nützt nichts, wo Gottes Evangelium gepredigt wird. Er erkennt dich und findet das Denken und Trachten des Herzens heraus. Er wird dich finden, wie sehr du dich auch verkleidest. Er wird dir zeigen, wer du wirklich bist.‘“

Spurgeon predigte auch gerne im Freien. Er suchte sich dazu passende Plätze aus. Mal war es eine lichte, gerodete Stelle im Wald, mal eine etwas ansteigende Wiese, mal waren es Felsenklippen.

Am Schluß einer Predigt rief er dann die mächtigen Felsbrocken als Zeugen an, daß er den Menschen das Evangelium gepredigt hätte. Sie sollten am Tag des Gerichts gegen die zeugen, die die Botschaft ablehnten.

Viele Jahre später hörte er von einem Mann, dem der Heilige Geist diese Anrufung hatte nützlich werden lassen. Spurgeon erzählt:

„Manchmal ereigneten sich auch außergewöhnliche Dinge. Es war wirklich eindrucksvoll, so unter dem gewölbten Firmament Gottesdienst zu feiern, fernab vom Lärm der Stadt, da wo alles um uns herum zur stillen Gemeinschaft mit Gott beitrug.

Der Wald war gerodet, und wir versammelten uns ein Stück weiter weg. In einem Jahr hatte eine Taube ihr Nest genau über meinem Kopf gebaut. Und während ich predigte, flog sie hin und her, um ihre Jungen zu füttern. Warum auch nicht? Wo sollte sie sich mehr zu Hause fühlen als dort, wo Gott, der Fürst des Friedens und der Liebe, angebetet wird? Natürlich ist es wahr, daß meine Kathedrale nicht wasserdicht ist, und was sich über die Gemeinde ergoß, war manchmal nicht nur Gnade."

Großen Einfluß auf die Menschen gewannen auch Spurgeons gedruckte Predigten. Sie gingen um die ganze Welt. So gelangte auch eine Predigt nach Auckland in Australien, wo viele Jahre später ein Sohn Spurgeons ein Tabernakel bauen ließ und selbst predigen konnte. Gläubige ließen die Predigten sogar in der Zeitung abdrucken.

Ein Mann schrieb aus einem abgelegenen Gebiet:

„Über fünf Jahre war ich ein Tramp. Ich war schon einige Monate unterwegs und suchte Arbeit.
Eines Tages trat ich in ein Gasthaus an der Straße ein, um etwas zu trinken und auszuruhen, weil ich sehr müde war. Auf der Theke lag eine Zeitung, in der stand Spurgeons Predigt über den Text: ‚Bekehret euch, ihr abtrünnigen Kinder, spricht der Herr; denn ich will euch mir anvertrauen!' Ich las sie, und während ich las, wuchs mein Interesse. Die Predigt traf genau meine Situaton. Ich begriff, daß ich absolut verloren war, ein Sünder der schlimmsten Sorte, und zugleich ermutigte mich die Predigt so, Gnade und Frieden unter dem Kreuz zu suchen, daß ich einfach nicht widerstehen konnte.

Als ich das Gasthaus verließ, war ich fest entschlossen, nie wieder eines zu betreten."

Und ein anderer Mann berichtet: „Ich bin seit 16 Jahren in der Kolonie und war in dieser Zeit dreimal in einem Gottesdienst, und das mehr aus Zufall.

Hier in der Kolonie habe ich die schreckliche Gewohnheit der Trunksucht angenommen.

Manchmal war ich, wie die Leute sagen, zwei oder drei Wochen auf Sauftour. Im letzten Sommer packte es mich zweimal, das Delirium tremens fing schon an. Unfähig zu sitzen, zu stehen, zu liegen oder zu laufen, griff ich nach der Zeitung, und mein Blick fiel auf Spurgeons Predigt. Ich las, und bald traten mir die Tränen in die Augen, und noch bevor ich die Zeitung zu Ende gelesen hatte, mußte ich mir vor Scham die Hände vors Gesicht halten.

Als ich die ganze Predigt gelesen hatte, flehte ich zu Christus, daß er mich von der schrecklichen Bürde meiner Sünden befreie. Und zu meinem Erstaunen verging das Delirium tremens wie der schwere Tau an einem Sommermorgen. Wegen der langen Sauftour war ich noch schwach, aber ich war glücklich. Und ich kann sagen, daß ich noch nie in meinem Leben solchen Frieden erlebt hatte."

Und noch ein wunderbares Geschehen ereignete sich, das sich lohnt, hier wiedergegeben zu werden.

Einmal wurde ein Stück einer australischen Zeitung auf ganz außergewöhnliche Weise einem Hirten zum Segen.

Er hütete einige Meilen von Balarach entfernt die Schafe und hob ein Stück einer Wochenzeitung auf, das der Wind über die Ebene geblasen hatte. Er las zufällig ein paar Zeilen, die ihn interessierten, und stellte fest, daß er mit Interesse eine Predigt Spurgeons las. „Hätte ich gewußt, bevor ich anfing zu lesen, daß dies eine Predigt war, hätte ich das Blatt nicht aufgehoben", sagte er selbst. Aber nun wollte er wissen, wie es weiterging. Was er las, brachte ihn zum Nachdenken, er verwahrte das Blatt, las es tiefbetroffen immer wieder, und zuletzt fand er durch dieses Blatt den Weg zum Kreuz.

Seit vielen Jahren hatte er kein Gotteshaus besucht, und bis ihm dieses Blatt vor die Füße geweht wurde, hatte er sich nie um seine Seele gekümmert. Jetzt aber geht er, so oft er kann, in die Kirche. Wegen seiner Arbeit im Busch hat er jedoch nur selten das Vergnügen, aber er bekommt die wöchentlichen Predigten, die ihn erfreuen, trösten und ihm geistliche Nahrung geben.

Einmal kam Spurgeon selbst in den Genuß seiner Predigten. „Ich fühlte mich zu der Zeit sehr müde. Ich war traurig, und mein Herz war schwer. Ich zweifelte daran, ob ich an dem, was ich andern predigte, auch wirklich selbst Freude hätte.

Es war mir schlimm, ein Diener am Tisch des Evangeliums zu sein und nicht Gast. Ich fuhr in eine Stadt auf dem Lande und besuchte am Sonntag eine Methodistenkapelle. Der Leiter des Gottesdienstes war Maschinentechniker.

Er las aus der Heiligen Schrift, betete und predigte. Ich mußte weinen und ließ meinen Tränen freien Lauf, jeder Satz der Predigt bewegte mich zutiefst.

Ich fühlte, daß meine Probleme sich lösten, denn das Evangelium, das merkte ich, war mir sehr lieb, und es hatte eine wunderbare Wirkung auf mich. Ich ging hinterher zum Prediger und sagte: ‚Haben Sie vielen Dank für diese Predigt'.

Er fragte mich, wer ich sei, und als ich es ihm sagte, wurde er rot im Gesicht und sagte: ‚Aber haben Sie nicht gemerkt, daß ich heute morgen eine Predigt von Ihnen gehalten habe?' ‚Ja,' sagte ich, ‚ich weiß. Aber das war genau die Botschaft, die ich brauchte, denn ich habe erlebt, daß ich jedes Wort, das ich predige, auch für mich selbst genießen kann."

Spurgeon war auch in der Diakonie tätig. Er schuf Waisenhäuser, weil ihm die Not der Kinder unter die Haut ging. Er nahm sich auch der Ausbildung junger Menschen für den Predigtdienst an. Ihm ging es um die Ausbreitung des Evangeliums. Die meisten Opfer hat wohl Susannah Spurgeon gebracht.

Da sich ihr Mann nicht schonte und seine Zeit ganz Gott auf den Altar legte, mußte sie oft allein mit den Kindern zu Hause bleiben. Tapfer trug sie die Last und unterstützte ihren Mann, wo sie nur konnte.

Einmal wurde Susannah sehr krank. Sie schreibt selbst über jene Zeit und fügt eine Geschichte an, die zeigt, wie sie in allen Anfechtungen doch unter der besonderen Fürsorge Gottes stand und seine Liebe erlebte:

„Es war während einer langen Zeit schmerzhaften Leidens. Das waren dunkle Tage für meinen Mann und mich, denn ich war ernsthaft krank und konnte nur wenig Erleichterung von den Schmerzen finden, die diese Krankheit verursachte.

Mein lieber Mann, der so beschäftigt war mit dem Werk des Herrn, schaffte trotzdem oft Raum für kostbare Augenblicke an meiner Seite, in denen er mir erzählte, wie das Werk des Herrn gedieh, so daß er mich in meinem Leiden tröstete und ich ihm meinerseits Mut für seine Arbeit machen konnte.

Immer, wenn er mich verließ, fragte er mich: ‚Liebste, was kann ich dir mitbringen?'

Ich bat selten um etwas, denn ich hatte genug von allem, was ich brauchte, außer Gesundheit. Aber eines Tages, als er mir die gewohnte Frage stellte, antwortete ich scherzhaft: ‚Ich hätte gerne einen Opalring und einen Kanarienvogel.' Überrascht und belustigt sagte er nur: ‚Du weißt, daß ich dir das nicht beschaffen kann!' Zwei oder drei Tage hatten wir Spaß an meinen eigenartigen Wünschen. Als er dann am Donnerstag vom Tabernakel zurückkam, trat er mit einem so strahlend verliebten Gesicht in mein Zimmer, daß ich sofort merkte, daß ihn etwas hoch erfreut hatte. Er hielt ein kleines Kästchen in der Hand, und ich bin sicher, daß seine Freude noch größer war als meine, als er einen wunderschönen Ring aus dem Kästchen nahm und ihn mir an meinen Finger steckte.

‚Liebling, dies ist dein Opalring', sagte er und berichtete mir, auf welch seltsame Weise er ihn bekommen hatte.

Eine alte Dame, die er einmal besucht hatte, als sie krank war, schickte eine Nachricht zum Tabernakel, daß sie Frau Spurgeon ein kleines Geschenk machen möchte und ob jemand so freundlich wäre, es abzuholen. Der Sekretär meines Mannes ging hin, holte das Kästchen ab, und als mein Mann es öffnete, stellte er fest, daß es einen Opalring enthielt.

Nicht lange danach wurde ich nach Brighton gebracht, um dort die Krise besser bewältigen zu können und auf bessere Gesundheit zu hoffen.

Als an einem Abend mein lieber Mann von London kam, brachte er ein großes Paket mit, und als er es auspackte, sah ich einen Käfig mit einem wunderschönen Kanarienvogel! Wie erstaunt war ich, wie grenzenlos war meine Freude! Mein Mann hatte eine liebe Bekannte besucht, deren Mann todkrank war. Nachdem er den Kranken im Gebet Gott anbefohlen hatte, sagte die Frau zu ihm: ‚Ich möchte meinen Kanarienvogel gerne Ihrer Frau schenken. Niemand anders soll ihn haben. Für meinen Mann in seiner schweren Krankheit sind seine Lieder zu anstrengend, und ich weiß, daß Bully Ihrer Frau gefallen und sie in ihrer Einsamkeit erfreuen wird, wo Sie sie doch soviel allein lassen müssen.'

Mein lieber Mann erzählte ihr dann, wie sehr ich mir einen solchen Zimmergenossen gewünscht hatte, und gemeinsam freuten sie sich über die Fürsorge unseres lieben den himmlischen Vaters, der auf wunderbare Weise für das Geschenk gesorgt hatte, das sein Kind sich so sehr wünschte. Mit dem Käfig neben ihm war die Reise nach Brighton kurz, und als Bully sein liebliches Lied sang und zur Belohnung ein Hanfkorn von den Lippen seiner neuen Herrin nahm, da gab es in dem kleinen Zimmer am Meer Augen voller Freudentränen und Herzen voller Gotteslob. Und mein Mann sagte: ‚Du bist wohl eines der verwöhnten Kinder deines himmlischen Vaters, er gibt dir alles, worum du ihn bittest.'"

Es war ein reiches Leben, das diese beiden so gesegneten

Eheleute führten. Susannah war ihrem Mann nicht nur eine liebende Gattin, sondern auch eine Seelsorgerin. Sie hat ihm beigestanden in mancherlei Kämpfen und Kontroversen, von denen Spurgeon nicht verschont blieb. Sie hat ihn auch liebevoll versorgt und gepflegt, wenn seine angeschlagene Gesundheit ihm stark zu schaffen machte.

Oft überfielen ihn Schwächeanfälle. Spurgeon mußte dann ausspannen und sich erholen. An Spurgeon bewahrheitete sich das Wort: „Was schwach ist vor der Welt, das hat sich Gott erwählt, daß er zuschanden mache, was stark ist" (1. Kor. 1,27).

Und dann kam das letzte Jahr seines Lebens. Nach seiner Rückkehr aus dem sonnigen Süden faßte Spurgeon die Grundanliegen seines Dienstes in einer Predigt über Jesaja 62, 6+7 zusammen: „O Jerusalem, ich will Wächter auf deine Mauern bestellen, die den ganzen Tag und die ganze Nacht nimmer stillschweigen sollen, und die des Herrn gedenken sollen, auf daß bei euch kein Schweigen sei und ihr vor ihm nicht schweigt, bis daß Jerusalem zugerichtet und gesetzt werde zum Lobe auf Erden." Die Predigt war ein machtvoller Aufruf zu Gebet und Zeugnis. Obwohl es unheilvolle Anzeichen im Blick auf seine Gesundheit gab, schonte er sich nicht, sondern arbeitete mit äußerstem Ernst und Eifer, um seines Meisters Reich auszubreiten.

In sehr schlechter Verfassung stand er am 3. Mai auf der Kanzel und hielt die Predigt, die er am Sonntag zuvor hatte halten wollen und wegen seiner Krankheit absagen mußte.

Am Morgen des 7. Juni 1891 stand Spurgeon das letzte Mal auf der Plattform, die dreißig Jahre seine Kanzel war. Von hier aus hatte er das Evangelium vor mindestens 20 Millionen Menschen verkündigt. Sein Text an diesem unvergeßlichen Tag war 1. Samuel 30, 21-25. Die Predigt war ein feiner Abschluß seines Dienstes in dem schönen Gotteshaus, das ihm das gleiche bedeutete, was Zion für die Juden war.

Die letzten Sätze sind besonders bedeutungsvoll und beachtenswert:

„Wenn ihr die Dienstkleidung Christi tragt, werdet ihr ihn als so sanft und demütig erleben, daß ihr Ruhe finden werdet für eure Seelen. Er ist der großherzigste aller Führer. Unter den besten Fürsten der Welt kommt ihm keiner gleich. Er ist immer da, wo der Kampf am wildesten tobt. Wenn der Wind kalt bläst, stellt er sich an die ungeschützten Stellen. Auf seinen Schultern liegt stets der schwerste Teil des Kreuzes. Wenn er will, daß wir eine Last tragen, trägt er sie mit uns. Was er an Güte, Großzügigkeit und Freundlichkeit gibt — und zarte, ja auch reichliche und überfließende Liebe —, das werdet ihr immer in ihm finden. Sein Dienst ist Leben, Friede, Freude. Oh, daß ihr doch sofort damit beginnen würdet! Gott helfe euch, in den Dienst unter dem Banner Jesu Christi einzutreten."

Die nächsten drei Monate war er ans Bett gefesselt. Es sah so aus, als würden weder ärztliche Kunst noch geduldiges Wachen, noch sorgfältigste Pflege irgend etwas nutzen. Während alles getan wurde, was sinnvoll erschien, beteten auf der ganzen Welt Gläubige ohne Aufhören. Die Tabernakel-Gemeinde begann mit einem vollen Tag der Fürbitte für ihren Pastor und traf sich morgens, mittags, abends, um für seine Gesundung zu beten.

Am 9. August wurde folgender Brief von Spurgeon, den er mit eigener Hand nach langer Krankheit geschrieben hatte, verlesen. Man empfand ihn als Antwort auf die Gebete und auch als Ermutigung weiterzubeten:

„Liebe Geschwister!
Der Name des Herrn sei gelobt, daß er die liebevollen Gebete seines Volkes erst schenkte und dann erhörte! Durch diese Gebete ist mein Leben verlängert worden. Ich fühle mich gedemütigt und dankbar zugleich, daß mir soviel Liebe entgegengebracht wurde und so unzählige Gebete mir galten. Mir fehlt die Kraft, mehr zu schreiben. Möge der Name des Herrn verherrlicht werden.
Herzlichst Ihr C. H. Spurgeon."

Es folgte ein Auf und Ab in seiner Krankheit und ein banges Warten, wie der Herr es machen würde.

Seine letzten Grüße schickte er in einem Telegramm:
„Ich selbst und meine Frau schicken 100 Pfund als Dankopfer für das Tabernakel. Grüße an alle Freunde."

Das war seine letzte Handlung und seine letzte Botschaft. Kurz darauf wurde er bewußtlos und blieb es, bis er am Sonntagabend, dem 31. Januar 1892 die Grenze überschritt und alle Posaunen für ihn auf der andern Seite ertönten. Sofort ging die Nachricht um die Welt.

Freunde schickten Unmengen von Blumen, aber Frau Spurgeon ließ durchblicken, daß sie Palmenzweige als die geeignetsten Zeichen des siegreichen Eintritts ihres Mannes in die Gegenwart des Königs empfand.

An Kopf- und Fußende des Sarges wurden Tafeln mit folgender Aufschrift angebracht:

„Zum liebenden Angedenken
Charles Haddon Spurgeon
Geboren in Kelvedon am 19. Juni 1834
Im Herrn entschlafen in Mentone am 31. Januar 1892
Ich habe einen guten Kampf gekämpft,
ich habe den Lauf vollendet,
ich habe Glauben gehalten."

Ein reich gesegnetes Leben war an sein Ziel gelangt und durfte nun für immer bei Jesus sein.

Die vierfache Liebesflamme des Kreuzes

Am Kreuze ist in dunkler Leidensnacht
der heil'gen Liebe Flammenglut entfacht.
Und wenn ein Herz auf Golgatha erkennt
der Liebe Opfertod, das wallt und brennt,
und seiner Liebe Flammen glühn und ziehn
zur Höhe, Weite und zur Tiefe hin.

Eva v. Tiele-Winckler

Die Bruderliebe

Ach, an des heil'gen Kreuzes blut'gem Stamme
erwachte auch der Bruderliebe Flamme,
und der uns lehrt, das eigne Leben hassen,
lehrt auch das Leben für die Brüder lassen.
Er füllt das Herz mit heil'ger Liebesglut
zu dem, der miterlöst durch Christi Blut.
Er schmilzt mit des Altares heil'gen Flammen
die Brüder unauflöslich fest zusammen
in Seiner Liebe und in Seinen Wunden,
auf daß sie alle eins, in Ihm verbunden!

Eva v. Tiele-Winckler

Die Nächstenliebe

Auch in die kalte, liebeleere Welt
vom Kreuz ein heller, warmer Lichtstrahl fällt;
denn wer errettet durch des Heilands Tod,
den dringt und treibt der Liebe Machtgebot,
daß er nicht anders kann, als sich des Armen
in Mitleid und in Liebe zu erbarmen;
und äußere Not und innrer Seelenpein
muß er ein Helfer und ein Tröster sein.

Und wo er irgend seinen Nächsten fand,
da pflegt er sein mit zarter, linder Hand,
gießt in die Wunden lindend Öl und Wein
und führt ihn in der Liebe Herberg ein.

Eva v. Tiele-Winckler

Die Feindesliebe

Ach, auch zur Tiefe wendet sich das Licht
von Jesu Kreuz und Todesangesicht.
Er, der im Sterben für die Mörder bat,
lehrt uns den lieben, der uns Unrecht tat.
Für Fluchen-Segnen, Wohltun für das Hassen,
uns nicht vom Bösen überwinden lassen.
Wo man uns schilt, gilt es, nicht widerschelten,
Verfolgung und Verleumdung nicht vergelten;
nur für die bitten, die uns weh getan,
bis sie sich auch dem heil'gen Kreuze nahn
und dort, entzündet von der Liebesflamme,
den Sieg der Liebe feiern! Preis dem Lamme!

Eva v. Tiele-Winckler

Die Gottesliebe

Des Herzens heißer Dank zieht es empor,
anbetend naht es sich dem höhern Chor.
Die Gottesliebe, heilig, keusch und rein,
dringt bis in Gottes Thron und Herz hinein.
Und keine Worte haben's je verkündet,
was das von ihr erfüllte Herz empfindet.
Es dankt, es lebt, es liebt, es lobt und brennt
in Gott, in seinem ew'gen Element.

Eva v. Tiele-Winckler

Eva von Tiele-Winckler — eine Mutter für Menschen in Not

Eva von Tiele-Winckler wurde am 31. Oktober 1866 im Schloß zu Miechowitz in Oberschlesien geboren. Sie schreibt selbst von ihrem Leben: „Wir konnten uns nichts Schöneres denken als unsere Heimat, das große Schloß mit den Türmen und Zinnen, die weithin sichtbar waren, die altgewohnten Räume, an die sich so viele Erinnerungen knüpften, das Familienzimmer mit den Bildern der Eltern und Großeltern und der ganzen Kinderschar, den neun Geschwistern. Jedes von uns neun Kindern hatte einen eigenen Stuhl aus Holz mit einem Bibelspruch auf der Lehne."

Eva von Tiele-Winckler hatte eine schöne, sonnige Kindheit im Kreis ihrer Geschwister. Die Mutter, eine in sich gekehrte, dem Meditativen hingegebene Frau, verstand es, ihre Kinder durch das Erzählen von Geschichten zu beglücken. Sie stammte aus dem Katholizismus. Sie sammelte gerne geistliche Schätze für ihre Kinder, schrieb, dichtete und prägte sie so früh für ein reiches Leben in Gott. Vor allen Dingen weckte sie in ihnen die Ehrfurcht vor dem Heiligen.

Der Vater versuchte die Kinder zu lebenstüchtigen Menschen zu erziehen. Da er sehr reich war, wollte er, daß die Kinder es früh lernen sollten, verantwortlich und treu alles Hab und Gut zu verwalten.

Die Mutter war gütig und mild, tadelte die Kinder wenig, und wenn sie an ihnen etwas auszusetzen hatte, dann ging es den Kindern sehr nahe. Eva von Tiele-Winckler schreibt: „Ich besinne mich nur einmal, daß wir in ihrer Gegenwart unartig waren. Wir waren noch sehr klein und hatten in der Sonntagsandacht beim Beten des Vaterunsers gelacht. Ich vergesse nie, mit welchem Ernst sie uns sagte, daß sie uns an diesem Abend keinen Gutenachtkuß geben werde. Wir schlichen wie geschlagene Hunde fort; es war die einzige Strafe, da sie vor Gott wandelte, und das übte auf uns eine bewahrende Macht aus.

Unser Vater war äußerst streng, und wir begegneten ihm manchmal mit Gefühlen der Furcht. Er hielt es für seine Pflicht, uns mit großer Konsequenz zu strafen, und unsere Wärterinnen gingen auch immer zu ihm, wenn sie Klage über uns hatten, und nie zu Mutter. Er strafte nie im Zorn, aber doch mit Energie und Nachdruck. Er hatte ein großes Gerechtigkeitsempfinden, war aber auch gütig, und so ergänzten sich die Eltern auf wunderbare Weise."

Die kleine Eva war ein schwieriges Kind. Sie war menschenscheu, verschlossen und in hohem Grade eigensinnig. Bei jeder Kleinigkeit, die ihr nicht paßte, fing sie an zu schreien. So machte sie sich und anderen das Leben schwer. Sie war mit einer besonders reichen Phantasie begabt und konnte sich stundenlang mit dem Nachsinnen darüber beschäftigen, was wohl alles hinter den Wänden verborgen sein könnte. Das Kindermädchen machte mit ihrer fast düsteren Frömmigkeit einen tiefen Eindruck auf Eva. Oft trat sie abends ans Kinderbettchen und sagte mit einem Seufzer: „Wieder ein Tag näher dem Tode." Sie verabscheute auch die Mode, trug ländliche Tracht und trennte sich aus einem guten, schwarzen Stoff die eingewebten roten und blauen Blümchen heraus. In jener Zeit legte man wenig Wert auf eine heitere, schöne Umgebung. Die Tapeten waren grau, die Möbel einfach, es gab weder Bilder noch Blumen im Kinderzimmer. Die Lichtblicke in Evas Dasein waren die Stunden, wenn die Mutter mit ihnen spielte und ihnen Geschichten vorlas oder erzählte.

Ihre ersten geistlichen Eindrücke bekam die kleine Eva durch zwei Lieder, die sie von ihren größeren Schwestern hörte: „Lobt Gott ihr Christen allzugleich" und „Gott, deine Güte reicht soweit die Wolken gehn."

Vom Tode Christi hörte sie nur einmal an einem Karfreitag, als sie bei der kranken Mutter am Bett saß und sie ihr erzählte, wie Jesus ans Kreuz genagelt wurde. Aber sonst wurde den Kindern gegenüber alles vermieden, was sie mit dem Begriff der Sünde vertraut gemacht hätte. Dadurch blieb ihnen natürlich auch die Erlösungstat Christi verborgen. Und doch hatte die kleine Eva ein Empfinden für die Regungen der Sünde. Als sie die ersten Worte schreiben konnte, machte sie sich ein kleines Buch aus Papier. Sie nähte mit großen, krummen Strichen einige Blätter zusammen und schrieb einige Bibelsprüche und ihr erstes Gedicht hinein. Sie las sehr gerne biblische Geschichten; aber das geschah heimlich. Sie hatte niemanden, mit dem sie ihre Fragen nach Gott hätte besprechen können. Wahrscheinlich wären ihr viele Zweifel und Dunkelheiten erspart geblieben, wenn ihr ein Mensch in dieser Zeit, in der sie so empfänglich für das Wort Gottes war, den Weg zu Jesus gezeigt hätte. Sie schreibt selbst: „Man meint so oft, Kinder seien noch zu jung, um die Geheimnisse des Gottesreiches zu verstehen und um zu wissen, was Sünde und Erlösung bedeuten. Aber ich weiß aus eigener Erfahrung, wie sich im Verborgenen die Sehnsucht nach Licht und Frieden regt und wie ein Kinderherz unbewußt danach schmachtet, daß seine unausgesprochenen Fragen ihm gelöst und seine Sehnsucht nach dem unbekannten Gott gestillt werden.

Später traten dann diese inneren Regungen hinter der Freude am Spiel zurück."

Im Jahre 1876 erfolgte die Übersiedelung in das neuerbaute Haus in Berlin.

Evas Mutter hatte ein warmes Herz für die Armen. Wenn die Kinder Geburtstag hatten, bekamen sie je nach Alter Talerstücke, die sie dann an arme Frauen verteilen sollten. Auch wenn ihnen Zähne gezogen wurden, bekamen sie Geld, das dann für die Armen bestimmt war. Die Mutter war sehr gütig.

An ihrem Geburtstag wurde die Frau des Stallmeisters beauftragt, Witwen und Waisen zu beschenken, da die Mutter selbst schon recht kränkelte.

Die Mutter legte sich ein Buch zu, das sie „Goldene Worte und fromme Gedanken" nannte. Sie schrieb Zitate und Bibelsprüche hinein. Aber auch des Vaters Schriftzüge sind zu erkennen, und er schrieb Verse wie die folgenden hinein: „Wer im Geringsten treu ist, der ist auch im Großen treu!" „Es ist besser ein Armer, der in seiner Frömmigkeit geht, denn ein Reicher, der in verkehrten Wegen geht." „Wohl und recht tun, ist dem Herrn lieber denn Opfer." „Eine größere Freude gibt es nicht für mich, als wenn ich höre, daß meine Kinder auf dem Wege der Wahrheit wandeln."

Wohl den Kindern, deren Eltern sich mit dem Wort Gottes beschäftigen. Zwei Worte haben eine besondere Bedeutung im Leben der heranwachsenden Tochter Eva gespielt: „Brich dem Hungrigen dein Brot" und: „Die, so im Elend sitzen, führe in dein Haus!" (Jesaja 58, 7).

Diese Worte hatten für ihren späteren Dienst prägende Kraft. Durch die strenge und straffe Erziehung des Vaters wurde bei den Kindern Mut und Zähigkeit geweckt. Evas fast männliche Energie, ihr Organisationstalent und ihre Führungsgabe sind Erbgut aus der väterlichen Linie.

In Berlin erhielten die Kinder Privatunterricht, aber Eva litt unter der Großstadtatmosphäre, und ihr einziger Lichtblick war das Spielen auf dem Speicher. Manchmal kletterten die Kinder unter Lebensgefahr auf die Nachbardächer, und es ist ein Wunder, daß sie dabei nicht in Konflikt mit den Nachbarn kamen, auf deren Dachböden sie durch die Luken kletterten, in den herumstehenden Sachen kramten und nach Herzenslust spielten.

Ein herber Einschnitt in die Kindheit von Eva brachte der frühe Tod der Mutter. Mit 13 Jahren stand sie erschüttert am Sarg der Mutter, die sie so sehr geliebt hatte. Ihren Schmerz faßte sie in einem Gedicht zusammen:

sich mit ihrer wunden Seele, die den Tod der Mutter noch nicht verkraftet hatte, die in ihrer Begehrlichkeit als junger Mensch hin- und hergerissen war, die selber am Ende ihrer Kraft angelangt war, von Jesus, dem guten Hirten, angenommen. Staunend schreibt sie: „Überwältigt lag ich zu Jesu Füßen: ‚Herr, wenn es wahr ist, daß du der gute Hirte bist, dann will ich auch zu deiner Herde gehören.‘ Tiefe innere Gewißheit durchzog mein Herz, und meine Seele wurde still."

Von dieser Stunde an wurde ihr das Bibellesen zu einem inneren Bedürfnis. Als sie z. B. las: „Wer nicht verläßt Vater oder Mutter, der kann nicht mein Jünger sein", erwachte in ihr der Wunsch, dem Heiland ihr ganzes Herz zu schenken. „Ich glaube", sagte sie, „ein Heiland, der nicht ein großes Opfer von mir verlangt hätte, würde mir nicht gefallen."

Auch wuchs in ihr eine große Liebe zu den Armen.

„Ich konnte kaum essen, wenn ich an die armen Leute dachte", bekennt sie, „So bat ich Gott in einer stillen Stunde, mich ganz in seinen Dienst zu stellen. Es war mir damals schon klar, daß ich nicht heiraten durfte. Siebzehneinhalb Jahre war ich damals." Sie betete sogar, daß Gott sie vor jeder irdischen Liebe bewahren möge. Sie hatte den Sinn ihres Lebens gefunden. Aus Dankbarkeit zu ihrem Erlöser brannte in ihr die Liebe zu allen Elenden, Hilfesuchenden, Witwen und Waisen. Sie wollte dem Volk in der engeren Heimat dienen. Ihm ergab sie sich in Treue. Ganz hingegeben wollte sie für die Bedürftigen da sein. In einem Gedicht faßte sie ihre Liebe in Worte:

„Volk meiner Heimat in Nebel und Rauch
Dir bleib ich treu bis zum letzten Hauch!
Ich habe mein Herz und mein ganzes Leben
Meine Kraft, meine Liebe dir hingegeben.
Dein will ich sein bis zum letzten Hauch
Volk meiner Heimat in Nebel und Rauch.

Vater im Himmel, du hast es gehört!
Du hast mir das Wollen, das heiße, beschert.
So gib deinen Segen nun auch zum Vollbringen,
O laß, Herr, das Werk meines Lebens gelingen!
Laß dienen mich treu bis zum letzten Hauch
Dem Volk meiner Heimat in Nebel und Rauch!"

Inzwischen war die Familie von Berlin nach Miecho-witz übergesiedelt. Aber für Eva bot sich keine Möglich-keit, die Schranke, die zwischen Schloß und Dorfbewoh-nern bestand, zu überspringen. Aber Eva begann, trotzdem die polnische Sprache zu lernen, zwar ohne Lehrer und Grammatikbuch, nur mit Hilfe von Vokabeln, die ihr das Hausmädchen beibrachte.

Die Brücken rückwärts hatte sie abgebrochen. Sie schaute wagemutig nach vorn und begann sich für ihre neue Aufgabe zu rüsten. Zunächst legte sie sich selbst Beschrän-kungen auf. Sie verzichtete auf das, was ihr lieb war, und aß das, was in ihr Widerwillen erregte. Sie kämpfte auch gegen das Erschrecken an, wenn sie Blut oder Wunden sah. Zu dem Zweck zwang sie sich z. B. dazu, einem Abdecker zuzuschauen, wie er einem Pferd das Fell abzog.

Sie nahm es auch mit der Heiligung sehr ernst. Nachts stand sie auf und verrichtete Andachtsübungen. Im März hatte ihr der Vater ein großes Buch, gebunden in grünem Samt, geschenkt. Darin stand: Für Eva von Vater zum Sam-meln ihrer Gedanken, Betrachtungen und ihrer Gedichte.

Unter den Eintragungen findet sich ein Wort, das sie sehr liebte und das ihr bei der Begegnung mit Pastor Fritz von Bodelschwingh anläßlich einer Reise nach Bethel wich-tig geworden war: „Der das Wollen gab, schlägt dir das Können nicht ab." Und am Vortag ihres 19. Geburtstages schreibt sie den Vers aus Jesaja 58,7 hinein: „Brich dem Hungrigen dein Brot!" Besonders unterstrichen war der Nachsatz: „Und ich sprach: Siehe, hier bin ich, sende mich!" (Jesaja 6,8).

sie die Kranken betreuen durfte, fühlte sie sich in ihrem Element. Doch sie kam in Bethel auch an ihre Grenzen.

Ihr ausgeprägter asketischer Zug brachte sie bald an den Rand ihrer körperlichen Kräfte. Sie wollte mit immer höherem Einsatz Gott dienen und legte sich häufig körperliche Entsagungen auf. So schlief sie nachts öfters auf kalten Steinfliesen oder fegte an kalten Tagen barfuß die Wege um das Mutterhaus. Sie tat die Arbeit in dem Glauben, sich damit einen Teil der Seligkeit erwerben zu können.

Acht Monate blieb sie in Bethel, und in dieser Zeit bekam sie ein väterliches, seelsorgerliches Verhältnis zu Pastor von Bodelschwingh. Bis zu seinem Tode blieb er ihr Beichtvater.

Am 27. Februar 1888 war es dann soweit. An diesem Tag ging Eva zum ersten Mal ins Dorf und nahm sich der Armen und Kranken an. Der Vater hatte endlich das lösende Wort gesprochen: „Eva, nun kannst du deine Arbeit aufnehmen."

Miechowitz war damals ein Dorf, das von Grubenarbeitern und Landleuten bewohnt war, in deren Adern polnisches Blut floß.

Der Alkoholgenuß und der knappe Lohn verstrickten die Bevölkerung in große Armut. Eva versuchte zu helfen, wo sie nur konnte.

Die treibende Kraft war ihre Liebe für diese Menschen. Sie brachte es fertig, heruntergekommene alte Mütterchen in ihre Arme zu schließen und sie auf die Stirn zu küssen. Für die damalige Zeit kam das einer Revolution gleich, wenn das adlige Fräulein sich zu einer einfachen Frau in dieser Weise „herabließ".

Weihnachten 1888 schenkte der Vater seiner Tochter das Haus der Barmherzigkeit, das den Namen „Friedenshort" bekam. Er ist die Wiege der kommenden Segensgeschichte. Im Laufe der Zeit wurden 28 weitere Häuser in Miechowitz übernommen und noch 42 Kinderheime in ganz Deutschland. Eineinhalb Jahre dauerte die Bau-

zeit, danach begann die intensive Armen- und Kranken-
pflege.

Zu der Zeit brach in dieser Gegend eine Scharlachepi-
demie aus. Der Typhus kam noch hinzu. In dem Ort Miechowitz erkrankten 224 Kinder, davon 72 so schwer, daß
sie daran starben. Eva opferte sich in diese Arbeit hinein,
und Löhes Wort vom echten Schwesterndienst erfüllte sich
buchstäblich: „Wie eine zerbrochene Narde war das Gefäß
ihrer Liebe ganz ausgegossen worden."

Es ist ergreifend, mit welchen Worten Eva ihren Kampf,
ihr Leid, ihre Anfechtung, aber auch ihren Trost ausdrückt:

> *„Herbstabend ist's. Ein letzter Sonnenschein*
> *Verglüht im West, ich sitze ganz allein;*
> *Oed' ist's und einsam in dem großen Haus,*
> *Ich blicke in die Dämmerung hinaus*
> *Und lasse mir nochmals in meinem Sinn*
> *Die Bilder dieses Tages vorüberziehn.*
>
> *Viel Tränen hab' ich heut gesehn;*
> *An manchem Sterbebettchen mußt ich stehn.*
> *Wie rangen da die kleinen Streiter heiß,*
> *Das Haupt bedeckt mit mattem Todesschweiß,*
> *Bis endlich in der letzten Kampfesstund'*
> *Der Todesengel küßt den blassen Mund.*
>
> *Vor Augen steht mir noch ein Kind so bleich,*
> *Das Köpfchen voller Locken, blond und weich,*
> *Stumm ist der Mund, die großen Augen flehn:*
> *Luft — Luft! Doch ach — wir können keine geben!*
> *Wie ist es schwer, solch Sterben anzusehn.*
> *Wie dunkel ist der Weg durch Tod zum Leben!*
>
> *Im andern Bett, mit weißem Tuch bedeckt,*
> *Liegt schon die kleine Schwester hingestreckt.*
> *Lang war sie krank und sollte nicht mehr gesunden,*

Nun ist ihr wohl — sie hat schon überwunden.
Und während wir noch knien im Gebet,
Durch's Zimmer leis der Todesengel geht,
Und wieder ruft der Herr ein Kind von hinnen,
Aus ist der Kampf, vorüber Angst und Not.
Zwei kleine holde Leichen stehn da drinnen —
Du arme Mutter - tröst' dich Gott!

Und weiter geht es an die nächste Tür;
Der Vater selber kommt und öffnet mir.
Ein schneller Blick, und mir sinkt Herz und Mut;
Zur höchsten Höhe stieg des Fiebers Glut.

Ein siebenjährig Mädchen ist's, es liegt
Besinnungslos, der heiße Atem fliegt,
Es wirft sich hin und her, es stöhnt und ächzt,
Das Aug gebrochen, und die Lippe lechzt.

Die Eltern sehn mich still und traurig an.
Sie wagten nicht wie sonst wohl, mich zu fragen;
So mancher trübe, schwere Tag verrann
Schon unter Fürchten, Hoffen und Verzagen.
Auch hier ist unsre Arbeit bald vollbracht,
Es ruft der Herr sein Kind noch vor der Nacht.

Ein ander Bild: Dort steht ein kleines Haus,
Da trugen jüngst zwei Kinder sie hinaus,
Und heute haben wir, die sie gepflegt,
Auch noch das dritte in den Sarg gelegt,
Wir haben es wie eine Braut geschmückt,
So lieblich lag es da im weißen Kleide,
Den Myrtenkranz ins blonde Haar gedrückt,
O wie war uns das Herz so schwer vom Leide!
So still die Kammer und die Bettchen leer,
Nun hat die Mutter keine Kinder mehr.

Es ist genug, ich will nun nichts mehr sehn,
Will nicht mehr denken, was noch sonst geschehn.

Ich will es still in deine Hände legen,
O Gott, Du wendest auch dies Leid in Segen.
Wohl ist's den Kindern, die so jung schon sterben,
Sie dürfen früh die Lebenskrone erben,
Eh' noch der sengend heiße Hauch der Welt
Auf ihre jungen reinen Herzen fällt.
Erbarm Dich auch der Eltern, o mein Gott,
Die heute dir ihr Liebstes hingegeben.
Zieh sie zu dir durch ihrer Kinder Tod!
Vereine sie aufs neu im ewgen Leben!"

Als die Zeitungen anerkennend von ihrem Einsatz berichteten, da betete Schwester Eva aufrichtig zu Gott, daß doch nie der Dämon der Selbstgefälligkeit über sie Gewalt gewinnen möchte. Sie sagte: „Gottes Freund wird man, indem man sich selbst Feind wird."

Der aufopfernde Dienst zehrte an ihrer Lebenskraft. Eva von Tiele-Winckler wurde krank. Lebensangst bedrängte sie, und eine dunkle Wolke der Depression lag über ihrem Gemüt. Sie suchte Erholung bei ihrer Schwester, und in dieser Zeit waren es besonders die Schriften von Tauler, die ihr Trost und neue Erkenntnisse brachten.

Am 29. September 1890 wurde der „Friedenshort", die neue Wirkungsstätte von Eva von Tiele-Winckler, eingeweiht. Der Feier lagen die Einsegnungsworte: „Brich dem Hungrigen dein Brot", und „Die so im Elend sind, führe in dein Haus." zugrunde. Diese Worte waren ja Schwester Evas Leitspruch, und es ergab sich fast von selbst, daß von nun an Eva von Tiele-Winckler Mutter Eva genannt wurde.

Als alle Gäste gegangen waren, kehrte Mutter Eva wieder ins Schloß zurück. Der Vater wollte es so. Dies bedrückte sie sehr, denn sie wäre gerne bei ihren Pfleglingen geblieben. So sagte sie zu ihrem Vater: „Ich kann keine Mutter sein, wenn ich nicht auch drüben bei meinen Kindern schlafen darf." Das griff dem Vater ans Herz, und er sagte nur das eine Wort: „Geh!" Wehmut klang in dieser

Aufforderung mit, aber Eva wußte, daß jetzt die Stunde gekommen war, wo sie sich ganz von ihrer Familie lösen mußte, und sie packte selbst Kissen, Bettdecke und Laken und trug alles hinüber zum „Friedenshort". Darüber schreibt sie:

„So hatte Gott also doch gehört! Ich durfte schon die erste Nacht, nachdem ich nun als Mutter den Segen am Altar empfangen hatte, in dem von Gott geweihten Hause schlafen! Nun war es erst richtig ‚mein Hochzeitstag'. Von Schlaf war allerdings in dieser ersten Nacht nicht viel die Rede. Das Lager war hart, keine Gardine am Fenster, und der Vollmond leuchtete herein. Vor mir lag das neue, wunderbare Leben- was wird es bringen! Nun war ich frei zum Dienst, frei für Gott und die Armen! Da habe ich mich in dieser Nacht aufs neue ihm hingegeben und geweiht und die Stunden im Gebet und Flehen zugebracht, bis es Morgen wurde und ich aufstand, um mein Tagewerk zu beginnen. Ach, es war ein mühseliger Anfang, und es ist gut, daß man nicht alles vorher weiß, wie es kommt. Ob wohl viele Werke so kümmerlich anfangen wie der kleine ‚Friedenshort'?"

Das Haus füllte sich schnell. Ein Ehepaar, das gemeinsam ins Gefängnis mußte, brachte seine beiden Kinder. Dann kam ein junges, verkrüppeltes Mädchen, eine verwahrloste Greisin fand den Weg zum „Friedenshort", und viele Sieche und Kinder drängten durchs Tor in das neuerrichtete Haus. Außerdem kamen ungefähr 100 Tageskinder. Ein großes Arbeitsfeld lag vor der jungen Mutter Eva.

Der reiche Vater gewährte ihr ein Wirtschaftsgeld von 3 000 Mark im Jahr. Abends mußte Eva zum Essen ins Schloß kommen. Darauf bestand der Vater. Als er bei dieser Gelegenheit fragte, wie viele Betten belegt wären und sie ihm antwortete: „40", war er ganz bestürzt. „Für nur fünf haben wir das Haus eingerichtet, und dafür war auch das Geld berechnet worden." Der Vater war sehr bewegt und eröffnete seiner Tochter, daß ihr mit ihrem 25. Geburtstag nunmehr 12 000 Mark aus dem Erbe des mütterlichen Vermögens zur Verfügung stünden. Allerdings mußten davon 2 000 für eine Erholungsreise ausgegeben werden. Die Tochter willigte ein. Zum ersten Mal hatte Mutter Eva viel Geld zur Verfügung.

Da ging die Gottesmagd in die kleine Kapelle zu ihrem Herrn und legte ihr Leben Gott zu Füßen. Die Verführungsmacht des Geldes wurde ihr bewußt, und sie fühlte Angst vor falschem Gebrauch. Ihm und seinem Dienst weihte sie jeden Pfennig. Als Erbin war sie niedergekniet, als schlichte Verwalterin von Gott Lehen stand sie auf. Der Gott alles Silbers und Goldes aber hat solch einer Verwalterin große Schätze anvertrauen können. Es sollten noch Millionen durch ihre Hände gehen.

Ein halbes Jahr später kam Pastor von Bodelschwingh ins Haus. Er half ihr, das Werk aufzubauen, und regte die Gründung einer Schwesternschaft an. Damit wurde auch für Mutter Eva das Tragen der Diakonissentracht eingeführt.

Das Versprechen, das sie bei Antritt ihres Erbes gegeben hatte, jedes Jahr 2 000 Mark — das war damals sehr viel Geld — für eine Erholungsreise auszugeben, löst sie, indem sie asthmakranke Pfleglinge mit in die Schweiz nahm. In einem schlichten Gasthaus fanden sie Unterkunft, doch Mutter Eva war deshalb sehr angefochten. Der Tochter aus vornehmem Haus haftete noch der gewohnte Anspruch an. Sie tat Buße darüber und betete: „O mein Herr Jesu, wenn es mir wieder so schwer wird wie heute, arm und gering zu sein vor den Menschen und den unteren, niederen Weg zu gehen, wie es sich für deine Magd schickt, so laß mich daran denken, daß es dir nicht zu schwer und zu niedrig war, mit Sündern zu essen, bei verachteten Zöllnern einzukehren und zwischen Mördern am Kreuz zu sterben. Und wenn mir der zugewiesene Platz zu schlecht vorkommt, so laß mich voll Scham daran denken, daß du, der Herr Himmels und der Erden, auch um meinetwillen so arm wurdest, daß du keinen Ort hattest, dein Haupt hinzulegen. Herr, erbarme dich über mich und reinige mich von allen meinen Sünden."

Dieses Gebet fand sich auf der Rückseite des Anmelde-zettels des „Roten Löwen", der im Nachlaß von Mutter Eva entdeckt wurde.

In Miechowitz lebte Mutter Eva mit ihren Mitschwe-stern und Pfleglingen wie in einer großen Familie. Eine Hausordnung wurde eingeführt. Als die Kinder öfter den Becher mit der Mehlsuppe verschütteten, wurde bestimmt, daß jedes Kind, dem es wieder mal passierte, den Rest der Mahlzeit stehen mußte. Bald darauf geschah Mutter Eva selber des Mißgeschick, daß ihr der Becher umfiel. Sofort erhob sie sich und beendete stehend die Mahlzeit.

Um sie innerlich für diese schwere Aufgabe zuzurüsten, holte Pastor von Bodelschwingh Mutter Eva öfter nach Bethel. Dort wurde sie auch als Diakonisse eingesegnet. Darüber schreibt sie: „Ich hatte gedacht, ich wollte mich ganz dem Herrn zum Opfer bringen, ich wollte ihm viel geloben, nun ist es mir, als möchte ich mich nur still unter sein Kreuz legen, möchte nur von ihm empfangen, statt zu geben, und habe kaum den Mut, ihm etwas zu versprechen, sondern möchte ihn nur bitten, daß er mir hilft, ihn etwas lieb zu haben, und daß er mich nie wieder losläßt. Könnt ihr das verstehen? Damit meine ich nicht, daß es mir jetzt weniger ernst sei, o nein, ich bitte den Herrn, daß er mir den ganzen Ernst recht klar mache und daß ich völlig und ganz mit allem brechen lerne, was mich von ihm scheidet".

Pastor von Bodelschwingh hatte erkannt, welche Füh-rungsgaben in Mutter Eva steckten. Als sein Mutterhaus eine neue Oberin brauchte, holte er sie in diese leitende Stel-lung. Diese Versetzung ist ihr nicht leicht gefallen. Sie wäre lieber bei ihren Pfleglingen im „Friedenshort" geblieben. Aber da sie sich von Gott geführt wußte, nahm sie diese hohe Berufung an. Sie blieb aber in ihrem Herzen die demütige, schlichte Mutter. Davon zeugen zwei Begeben-heiten: Mutter Eva mußte verreisen. Auf dem Wege zur Bahn stießen sie und ihre Begleitung auf eine sehr elende Frau. Mutter Eva fragte sie gleich teilnehmend nach ihrem Kummer. Nun hörte sie, daß diese Frau von ihrem Mann mißhandelt und verstoßen wurde und nun schon Tag und Nacht herumirrte. Da wies die Mutter die Schwester an, sie mitzunehmen und zu pflegen. Die Schwester wurde verlegen und sagte der Mutter, daß kein Bett mehr frei sei. Sie wisse nicht, wohin sie sie legen solle. „O, das trifft sich ja gut", sagte Mutter Eva sogleich, „daß ich für einige Tage nicht da bin. Lege sie in mein Bett."

Ein andermal klingelte es im Schwesternhaus. Mutter Eva öffnete selbst die Tür, und vor ihr stand eine ganz verkommene Frau voller Wunden und Ungeziefer. Mutter zog sie schnell in ihre Stube, schloß die Tür ab und machte sich daran, sie zu baden und zu reinigen, suchte neue Kleider heraus und zog sie ihr an. Dann schloß sie die Tür wieder auf, und draußen standen beschämt die Schwestern, aber auch der liebe Pastor Bodelschwingh, der sich vergnügt die Hände rieb darüber, daß sein Evchen so barmherzig gehandelt hatte.

Mutter Eva ist durch manchen Kampf gegangen, und sie war überaus dankbar, daß sie in Pastor Bodelschwingh einen treuen Seelsorger gefunden hatte. Ein Brief läßt uns ihre innere Entwicklung erkennen: „Wie hab ich mich doch unter Tränen nach Vollkommenheit gesehnt, und ich glaubte immer, durch eigenes Tun und durch eine besondere Lebensweise müßte ich ihr näher kommen, daher mein Verlangen nach dem Klosterleben. Abgesondert von der Welt, unter strenger Zucht und allerlei Entbehrungen, beständig im Gebet und in der Ausübung frommer Pflichten, so dachte ich, müßte ich am ehesten das ersehnte Ziel erreichen und das verhaßte Ich zu Tode bringen. Nur ein Schritt hat mich noch davon getrennt, und diesem Gedanken zu entsagen, hat mich mehr gekostet als alles, was ich sonst verlassen habe.

Im vorigen Sommer kam ich einmal nach Salem, dem Feierabendhaus, müde, abgearbeitet, mutlos, an Leib und Seele matt. Meine Aufgabe lag wie ein Berg vor mir, wie eine Last, die ich nicht tragen konnte.

An mir selbst sah ich nichts als Sünde, Unfähigkeit und

Schwäche. Ich war fast zu müde zum Sprechen und Essen, nahm meine Bibel zur Hand und legte mich draußen ins Moos. Drei Tage durfte ich in der Stille bleiben, und da ging mir mit einem Mal eine Ahnung des Verständnisses auf von dem Wort: Es genügt dir meine Gnade, denn unter Schwachheit wird meine Kraft zur Vollendung gebracht.

Das war das Geheimnis, woran es bis jetzt bei mir gefehlt hatte. Ich wollte etwas sein. Ich wollte heilig, vollkommen und herrlich sein. Ich wollte es auch erzwingen, so zu werden. Es war immer dasselbe Ich, wenn auch in geistlicher Gestalt. Da ging mir ein Licht auf. Ich sollte eben nichts sein, sollte nichts mehr können, wollen und tun, damit Jesus und er allein mir alles werde. Allmählich dämmerte mir immer mehr diese selige Wahrheit auf, und ich lernte zu antworten: „Ja Herr, deine Gnade genügt mir."

Das Leben von Mutter Eva war reich an Ausstrahlung und Segen. Beispielhaft greife ich einige ihrer diakonischen Tätigkeiten heraus. Sie schreibt selbst über ihren Dienst:

„Fünf Jahre bin ich nun unter euch, liebe Schwestern, eine kurze Zeit, und doch wie reich an Eindrücken und Erfahrungen der verschiedensten Art. Lichte, helle Bilder haben sich meinem Gedächtnis eingeprägt, und mein Herz hat gejubelt, wenn ich Züge und Zeichen sah von selbstverleugnender, demütiger Hingabe an den Heiland und an seinen Dienst, kleine Zeichen vielleicht, die aber einen Blick tun ließen in ein Herz, das aufgehört hatte, sich selbst zu lieben, das mit Freuden opfern und mit stiller Freundlichkeit zurückstehen konnte hinter anderen. Das Schönste und Beste bleibt meist Menschenaugen verborgen, und Jesus allein darf die Freude haben, Zeuge vieler Beweise stiller Treue und selbstverleugnender Liebe zu sein im Dunkel der Nacht, in den Krankenstuben und Kinderschulen, in den Wohnungen der Armen, im Gedränge der Bahnhöfe und Straßen. Wo ich es erleben durfte, da war es eine Freude, die ihren Widerhall im Himmel hatte, und, Gott sei Dank, solche Erfahrungen und Freuden waren nicht selten.

Auch das waren unvergeßliche Stunden der Freude,

wenn eine Schwester, die gefehlt hatte, ihr Unrecht wirklich einsah und tief empfand, wenn sie sich unter die Folgen ihres Fehlers willig und demütig beugte und nur das als brennenden Schmerz empfand, daß sie den Heiland betrübt und sein Werk geschädigt hatte. O, wie war dann das Vergeben und Vergessen so leicht, und die Augen gingen manchmal über vor Freude über solche Bekenntnisse. O, wie gern habe ich solchen Seelen die Hand gestärkt im Kampf, wie gern ihnen Mut gemacht und zu gemeinsamem Ausstrecken nach dem Ziel mich ihnen verbunden. Und wo mein Weg mich manchmal in stille Schwesternstuben führte, in denen man etwas merkte von dem Wehen des Geistes Gottes und des Friedens unseres Herrn, und man wußte sich eins in der Liebe zum Gekreuzigten und in dem Verlangen, ihm mit jeder Regung des Herzens anzugehören, da wars auch Freude, große, tiefe Freude, wenn er unter uns war und wir uns seiner Gegenwart bewußt wurden. So habe ich unter euch manche Freude erlebt, die mir bleibt und ihren Wert behält in Ewigkeit, und ich möchte allen, denen ich solche Erfahrungen verdanke, im Geist die Hand drücken.

Von dem andern, was nicht leicht war und das Herz nicht froh, sondern tief traurig machte, möchte ich heute schweigen. Es tut so weh, daran zu denken.

Nur das möchte ich sagen: Es gibt ein Zerrbild von der Nachfolge Christi und von dem Dienst in seinem Reich. Wieviel Hochmut und Ehrsucht können sich unter dem Schein demütigen Dienstes verbergen."

Mutter Eva mußte auch fast ihr Leben lang einen „Pfahl im Fleisch" tragen. Das war ihre angeschlagene Gesundheit. Immer wieder suchte sie in den Bergen der Schweiz Genesung. Sie litt auch öfter unter schweren Depressionen, und es ist erstaunlich, wie Gott gerade in der Schwäche des Menschen zum Zuge kommt. Durch ihr eigenes Leid hatte Gott ihr Verständnis für das Leid anderer geweckt, und sie wurde durch ihre sensible, feinfühlige Veranlagung für viele Menschen zur Seelsorgerin.

Ihre große Aufgabe als Oberin in Bethel mußte Mutter Eva aus Gesundheitsgründen wieder aufgeben. So zog sie in das Häuschen, das neben dem „Friedenshort" lag. Täglich wurde sie von Hilfesuchenden umlagert, die sie um Arznei baten oder aber von ihr ihre Wunden verbunden haben wollten.

Es wohnten auch die kleine, verunstaltete Frau, die Zwergin Jadwiga, mit ihrer alten Mutter und das vernachlässigte Mädchen Rosel bei ihr. Alle diese Pflegebefohlenen umsorgte sie Tag und Nacht. Hier in diesem kleinen, umgrenzten Bereich konnte Mutter Eva erst mal ausspannen. Die Aufgabe als Oberin war doch zu schwer für sie gewesen. Sie empfand eine große Erleichterung, aber ihre innere Anfechtung blieb. Eine Hilfe waren ihr die Gottesmänner Ötzbach und Hudson Taylor. Sie erquickten sie immer wieder aus der Fülle des Wortes Gottes.

Unmittelbar nach ihrer Rückkehr in den „Friedenshort" hatte Mutter Eva in ihr Tagebuch das Gebet geschrieben: „Gib mir um Jesu willen mehr, als ich bitte und verstehe, und schaffe nicht zu meiner, sondern zu deiner Verherrlichung die Frucht, die du in mir finden möchtest."

Wieder und wieder stand sie vor der Diskrepanz zwischen eigenem Sein und dem geistigen Haben. Sie betete: „Herr, ich habe Angst vor mir selbst. Du konntest mich nicht erhören, wenn ich dich mit Tränen um außerordentliche Gaben bat. Ich hätte in deinen Gaben geprangt. Du aber zeigtest mich in meinem Lichte."

Sie sehnte sich nach den Geistesgaben. So war es ihr gegeben, ab und an Kranken zur Gesundung zu verhelfen. Aber die Gabe der Krankenheilung hatte sie nicht.

Einmal wurde sie von ihrem Bruder Franz Hubert, der das Erbe der schlesischen Güter übernommen hatte, aufs Schloß eingeladen. Der Kaiser wollte zur Jagd kommen. Darüber schreibt Mutter Eva: „Eigentlich wollte ich nicht kommen, denn ich war es nicht mehr gewöhnt, unter solch hohen Gästen zu sein. Am liebsten bin ich bei meinen Kindern. Da es aber mein Bruder wollte, bin ich gegangen mit dem Wunsch, der Herr möchte das Zusammensein segnen.

Der Kaiser kam sofort auf mich zu, und in einer Fensternische unterhielt er sich drei Stunden mit mir. Ich erzählte ihm von der Trinkerrettung und von der Gefängnisarbeit in Beuthen. Dann mußte ich dem Kaiser vom ‚Friedenshort‘ berichten, und zwar bis in alle Einzelheiten. Ich erzählte, daß wir halb Gerste halb Kaffee trinken. Das fand der Kaiser so schauderhaft, daß er mir tausend Mark schenkte für guten Kaffee für die Schwestern. Ein ganzes Jahr reichte diese Summe.

Beim Tisch fragte der Kaiser meinen Bruder, wie viele Fasane er mir schon geschenkt hätte. Doch solche Leckerbissen hatten wir noch nie erhalten. Da bestimmte der Kaiser, daß alle Fasane, die er geschossen hatte, uns zukommen sollten. Wir erhielten 80 Stück, so daß alle Stationen beschenkt werden konnten. Ich bekam auch 1 000 m schönen, roten Stoff für unsere Kinder geschenkt.“ Ein Jahr später wünschte der Kaiser noch einmal, Mutter Eva zu sehen. Und als er anreiste, brachte er einen ganzen Waggon mit Geschenken für den „Friedenshort“ mit.

Die Betheler Schwestern, die zur Unterstützung im „Friedenshort“ arbeiteten, wurden allmählich wieder zurückgezogen. Mutter Eva übernahm jetzt die Leitung des „Friedenshorts“. Die Zahl der Schwestern betrug damals 27 und stieg langsam bis zum Jahr 1905 auf 50 an.

In dieser Zeit drang eine frohe Nachricht von Wales in Großbritannien nach Deutschland herüber. Dort bekehrten sich Scharen von Menschen zu Christus.

Mutter Eva hatte schon einmal erfahren, wie ihr Körper nach langer Krankheit genesen durfte. Nun wollte sie Hilfe für ihre angeschlagene Seele suchen, die immer wieder unter starken Gemütsdruck geriet. So fuhr sie mit der vollmächtigen Jean Wasserzug nach England. In Frau Baxter fand sie eine wahre verständnisvolle Seelsorgerin, die den Finger auf die wunden Glaubensstellen legte.

„Solange der eigene Wille begehrt, bindet er Gottes Willen. Gott ist Reichtum, aber wir kleben an unserer Armut.

Der feste Glaube aber will Gott so unbedingt, daß er auch im Kleinsten Gott nicht widerstrebt, wie immer er auch führt." Mutter Eva sah ein: noch ärmer, noch schweigsamer, noch demütiger mußte der eigene Sinn werden. Alle Zeit der Beugung unter Gott ist schaffende Zeit. Tauler hatte einst gelehrt: „Je mehr du tust, desto minder wirkst du." Hier hörte sie dieselbe Mahnung. Sie hatte zwar täglich die Stille gepflegt, aber sie war noch kein stiller Mensch.

An einer zweiten Stätte in London wurde ihr das Kreuz Christi in neuer Beleuchtung groß. Sie sah das Sterben Jesu als Opfer des Widerspruchs der Menschen gegen Gott, und sie erzitterte vor der Furchtbarkeit der menschlichen Sündengeschichte und spürte die Ernsthaftigkeit der eigenen Sünde in verstärkter Gewalt.

In Wales erlebte sie die große Erweckung mit. Rund hunderttausend Bekehrungen ereigneten sich. Es war ein großes Wehen des Geistes. Als sie wieder zu Hause im „Friedenshort" war, rief sie ihre Mitschwestern zusammen. Sie demütigte sich vor ihnen, und in tiefer Wahrhaftigkeit bekannte sie ihre Lieblosigkeit, ihre Selbstgerechtigkeit, ihren Stolz, ihren Hochmut. Dieses Bekenntnis von Schuld blieb nicht ohne Wirkung. Viele kamen zu ihr, um zu beichten, und es war, als ob Gottes Heiliger Geist über dem „Friedenshort" läge. Jetzt erst wurde echte Gemeinschaft geschaffen. Nun standen die Schwestern einmütig zusammen.

Kurze Zeit später fuhr Mutter Eva noch einmal nach England. Diesmal begleitete sie ihren Bruder Hans Werner. Ein besonderes Ereignis aus Keswick ist bekannt geworden.

Auf dem Missionsfeld herrschte großer Geldmangel. Deshalb wiesen die Redner auf diesen Mißstand hin. Es war Mutter Eva, als ob der Geist Gottes sie meinte. Aber sie besaß doch nichts mehr. Ihr Blick fiel auf das altertümliche Schloß ihrer Bibel und auf den schmalen Goldring, der ihr zum Einsegnungstag als Diakonisse überreicht worden war. Beides gab sie hin. Nicht, was sie gab, war dabei entscheidend, sondern wie sie es gab. In ihrem Zeugnis klang der Opfersinn und Liebeswille durch und wurde zum Appell für die anderen. Viele Zuhörer schlossen sich ihrem Vorbild an. Juwelen über Juwelen füllten die Opferschalen, die immer wieder geleert wurden. Einige Stunden vor dieser Versammlung für Frauen hatte eine Missionarin aus Liebe zu Jesus still darum gebetet, daß der Herr doch die Frauen willig machen möge zum Opfer und daß sie ihren Schmuck drangeben möchten. Nun war dieses Gebet so wunderbar erhört worden, und Mutter Eva war das Werkzeug dazu in Gottes Hand. Dabei war sie nur ihrer inneren Stimme gefolgt. Gehorsam ist die einzige Bedingung im Dienst für Gottes Mägde.

Im Oktober 1905 wurde das neuerbaute Schwesternhaus eingeweiht. Es erhielt den Namen „Zionsstille". Die Festtage begannen mit einer Evangelisation und Heiligungswoche. Gott schenkte nicht nur Sündenerkenntnis, sondern auch Sündenbekenntnis. Öffentlich brachten die Menschen ihre Schuld vor Gott. Freude über die Vergebung der Sünde brach sich Bahn. Ein innerer Durchbruch ließ viele Menschen zum Heil kommen. Das wirkte sich auch auf die Schwesternschaft aus. Sie wuchs kräftig. 30, 40, 50, 70 und mehr junge Mädchen folgten dem Ruf Jesu in den Dienst. Mutter Eva bekam viele Töchter, und das Wort aus Psalm 68 wurde wahr: „Singet Gott, der der Einsamen das Haus voll Kinder gibt!" Der „Friedenshort" war zu einer Stadt auf dem Berge geworden. Mutter Eva war die Seele des Ganzen, aber das Geheimnis solchen Wirkens lag im Eingeständnis ihrer eigenen Ohnmacht: „Wenn ich schwach bin, dann bin ich stark."

Mitten im geistlichen Aufbruch wurde Mutter Eva schwer krank. Ihr ganzes Leben hatte sie an Krankheit und Schwachheit zu leiden. Ihr Herz und ihre Lunge waren nicht in Ordnung. Doch sie durfte wieder genesen und schrieb an Pastor Bodelschwingh: „Ja, Dank und immer wieder Dank, etwas anderes weiß ich oft kaum zu sagen, so voll ist mir das Herz. Wenn ich jetzt zurücksehe auf das verflossene Jahr, so sehe ich ganz deutlich, wie alles so kom-

Sie hatte das starke Verlangen, im „Friedenshort" sterben zu dürfen. So wurde sie von Bad Gastein im Zug nach Hause transportiert. Als die Schwestern einmal sagten: „Mutter, wir beten, daß der Herr dich noch einmal gesund machen möge, damit du noch eine Weile bleibst", sagte sie mit einem Lächeln auf dem Gesicht: „Ach Kinder, solche Gebete, die wir für unsere Lieben zum Herrn senden, kann er doch gar nicht alle erhören. Da würde man so alt wie Methusalem, oder man würde nie sterben. Ich bin bereit zu beidem – ganz bereit. Noch hierbleiben oder heimgehen, wie es der Herr macht, so ist es gut."

Am letzten Morgen ihres Lebens kam noch die unbeschreibliche Freude des Eintreffens der beiden China-Kinder. Sie schlug die Augen auf, und ein Freudenglanz verklärte ihr Angesicht.

„Am Abend des Tages", so erzählt eine Darstellung, „kam noch der alte Michel, einer ihrer Schützlinge, und bat so flehentlich, Mutter noch einmal durchs Fenster sehen zu dürfen. Es war ein ergreifender Anblick, wie der alte Mann so bitterlich weinend auf der Bank vor dem Fenster kniete und die gefalteten Hände inbrünstig betend zum Himmel emporhob, ein Anblick, der uns zu Tränen bewegte. Denn es war, als ob in der Person dieses lieben Alten all die vielen Armen und Elenden gekommen wären, denen die treue Mutter so unablässig geholfen und wohlgetan, um ihr noch ein letztes Mal ihren Dank zu bringen.

Als die Mittagsglocken der Kirche läuteten, legten wir zu ihren Füßen einen Strauß Myrten und Rosen von ihrer treuen Thekla – dem früheren Grubenmädchen –, die unserer Mutter in der ersten Zeit in unserem Dorf so treu geholfen hat."

Am Sonntag, dem 21. Juni, bald nach neun Uhr abends, stand der Atem still. Mutter Eva war in die Ewigkeit hinübergegangen.

Ein dankbares Zeugnis berichtet:

„Als wir unsere Mutter am nächsten Morgen sahen, da gehörte sie uns nicht mehr. Da klang in unseren Herzen bald leise, bald laut das Lied von einem König und eines Königs Braut. Gar wundersam war unsere Mutter anzuschauen. Auf dem Angesicht wohnte eine Hoheit, eine Anmut, Jungfräulichkeit und Reinheit, daß wir wußten: Der König war gekommen und hatte sein Besitzrecht geltend gemacht:

Er findet seine Züge in seiner Braut,
Nun wird sie ebenbürtig Ihm anvertraut.“

Über die tiefen Eindrücke bei der Gedenkfeier will ich nur das Zeugnis der Oberin des Kösliner Diakonissen-Mutterhauses wiedergeben:

„Der Zug aus der Kirche zum nahe bei der Kirche gelegenen Friedhof wird uns allen, die wir ihn miterlebten, eine unvergeßliche Erinnerung sein.

Der Weg war umstanden von Kindern. Jedes Kind trug eine langstielige, kerzengerade Lilie. Hier und da sah man ein feuchtes Kinderauge; aber Tränen und Jammern ist nirgends laut geworden. Die Friedenshorter Schar wußte, ihre Mutter war eingezogen in die obere Herrlichkeit, von der sie so ergreifend schön hier auf Erden zu sagen wußte. Da sollte das Einsenken ihrer irdischen Hülle in die Erde voll Frieden, voll heiliger Stille sein. Die Kirche hatte zahlreiche Vertreter gesandt. Als der Sarg versenkt wurde, sang die Schwesternschaft unter dem Kruzifix des Kirchhofs, unter dem Schwester Eva ruht, das schöne Lied:

‚An dem Fuß des Kreuzesstammes, wo du, Herr, gestorben bist,
lege ich zum Preis des Lammes hin mein Leben, wie es ist.
Das ist Seligkeit, das ist Seligkeit, wenn ein armes, armes
Leben ist dir ganz geweiht.‘“

In seiner Ansprache wies Dr. Fritz von Bodelschwingh noch einmal darauf hin, was sein Vater einst an Mutter Eva angezogen hatte, und fand dafür die knappen, guten Worte: „Die köstliche Armut hatte es seinem Herzen angetan, eine Armut, die doch nie armselig wird, sondern innerster Reichtum ist. Die Harmonie zwischen Geist und Form hatte es ihm angetan, die jedem Raum unter Mutter Evas Händen ein eigenartiges Gepräge gab. Die Verbindung von Natur und Gnade hatte es ihm angetan, die das Heilige ganz natürlich und das Natürliche ganz heilig macht. Das weite Atemholen in der Luft der Herrlichkeit und Güte Gottes hatte es ihm angetan, weil er sah, daß aus ihm ein fröhlicher Gehorsam erwuchs."

In seiner Grabrede gebrauchte Pastor Zils den Satz: „Eine leuchtende Spur ist sie in unserer und vieler Leben gewesen; sie hat uns den Herrn Jesus Christus vorgelebt, soweit dies ein armer Mensch überhaupt tun kann." Er hat damit die innerste Wahrheit ihres Wesens berührt.

Es gibt eine Innewohnung Christi in den Glaubenden. Es gibt eine Verklärung des Schönsten unter den Menschenkindern in einem demütigen Gotteskind. Mutter Eva hatte Glauben, Gehorsam und Demut erprobt. Sie gehörte Gott, und er gehörte ihr.

Ich schließe dieses Lebensbild mit einem Vers, den sie an ihre Schwestern schrieb:

>*„Glückselig aber ist die Jüngerin,*
>*Die, ihrem Herrn getreu, mit Herz und Sinn*
>*Sich ausstreckt nur nach dem, das vor ihr liegt,*
>*Und Sünde, Welt und auch sich selbst besiegt.*
>*Als Überwinderin im weißen Kleid*
>*Wird ihr die Siegeskrone nach dem Streit."*

Quellenangaben

Bei den Ausführungen in diesem Buch habe ich mich
hauptsächlich auf die folgenden Bücher gestützt und aus
ihnen zitiert:

Wilhelm Busch
»Johannes Busch – ein Botschafter Jesu Christi«

Hans Brandenburg
»Ich hatte Durst nach Gott«
Aus dem Leben und Dienen von Christa von Viebahn
Verlag des Diakonissenmutterhauses Aidlingen

C. H. Spurgeon
»Alles zur Ehre Gottes«
Autobiographie
Oncken Verlag Wuppertal und Kassel

Eva von Tiele-Winckler
»Die Lobsängerin der Gnaden Gottes«
Verlag Friedenshort
Ernst Röttgers-Verlag Berlin

Leben mit – wie spannend!

Davon berichten die Bücher von Lotte Bormuth

Außerdem sind erschienen:

ICH STAUNE ÜBER GOTTES FÜHRUNG
TELOS-Taschenbuch Nr. 302, 104 Seiten

GOTT KOMMT MIR IMMER ENTGEGEN
TELOS-Taschenbuch Nr. 326, 104 Seiten

. . . SO SOLLT IHR MEINEN BOGEN SEHEN
TELOS-Taschenbuch Nr. 416, 132 Seiten

DA BLEIBT MIR NUR DAS STAUNEN
TELOS-Taschenbuch Nr. 571, 136 Seiten

MÜTTER IN DER KRISE –
MÜTTER UNTER GOTT!
Edition C-Taschenbuch Nr. T 63, 88 Seiten

GOTT BAUT – WIR BAUEN MIT
Edition C-Taschenbuch Nr. T 71, 88 Seiten

. . . DASS ES DIE ELENDEN HÖREN
Edition C-Taschenbuch Nr. T 89, 96 Seiten

ICH SUCHE DAS DU
Edition C-Taschenbuch Nr. T 108, 108 Seiten

WIE DAS LEBEN SO SPIELT
Edition C-Taschenbuch Nr. T 167, 132 Seiten

SPUREN IN DIE WEITE
Edition C-Taschenbuch Nr. T 195, 112 Seiten

. . . WIE DIE STERNE AM HIMMEL
Edition C-Taschenbuch Nr. T 200, 120 Seiten

KANNST DU STERNE ZÄHLEN
TELOS-Kinderbuch Nr. 3883, 32 S., farbig illustriert

VERLAG DER FRANCKE-BUCHHANDLUNG GMBH
3550 MARBURG AN DER LAHN

Wir empfehlen außerdem:

Jean Shaw
BEI DER ZWEITEN TASSE KAFFEE
Geistliche Ermunterungen für Frauen von heute
Edition C-Taschenbuch Nr. T 159, 160 Seiten

»Iß Honig, denn er ist gut, und Honigseim ist süß deinem
Gaumen. So ist Weisheit gut für deine Seele.«
Sprüche 24, 13–14

Arbeit, Unruhe und Hetze im Alltagsleben erfordern für
die Frauen von heute schöpferische Pausen, Entspan-
nung und Erfrischung, eine sogenannte »zweite Tasse
Kaffee«.
Für diese Gelegenheit hat Jean Shaw das vorliegende
Buch geschrieben.
Ihre kurzgehaltenen wegweisenden Betrachtungen von
Bibelversen aus dem Buch der Sprüche wollen helfen,
aufmuntern, Mut machen und Kraft für den Alltag
geben.

VERLAG DER FRANCKE-BUCHHANDLUNG GMBH
3550 MARBURG AN DER LAHN